アフリカなんて二度と思い出したくないわっ! アホ!!
……でも、やっぱり好き(泣)。

さくら 剛

幻冬舎文庫

アフリカなんて二度と思い出したくないわっ！　アホ!!

……でも、やっぱり好き（泣）。

目次

はじめに

普段日本では部屋に引きこもってゲームばかりやっている人間が、突然アフリカ大陸を縦断することになったらどんな気持ちになるか、あなたにはわかりますか？

わからないでしょうよっ（号泣）!!!

突然アフリカ大陸を縦断することになった引きこもりの気持ちは、突然アフリカ大陸を縦断することになった引きこもりにしかわかりません。

そして、世界でただ一人その気持ちがわかる人間が、アフリカ大陸を縦断することになった引きこもりのこの僕なのです（号泣）。

恥の多い生涯を送ってきました。

幼き頃より、体を動かすこと、汗をかくこと、外で遊ぶことがなにより嫌いでした。放課後は真っ直ぐに家に帰り、子供部屋にこもりテレビゲームに向かう日々。いつしか友達は減り、大人になった今では「仲間」と呼べるのは戦士や僧侶、魔法使いといったNPC（ノ

ンプレイヤーキャラクター）だけというこの孤独な東京砂漠。

もはや感情というものを忘れ、現実世界から蒸発し自分自身もゲームのキャラクターとなろうと、肉体の半分がテレビ画面に吸い込まれつつあった**逆貞子状態**の私……

しかし!!

そんな僕を救ってくれたのが、あるバイト先で知り合った1人の美しい女性でした（僕も生活費を稼ぐ程度には働くのです）。

僕はあっという間に、彼女のことを、好きになってしまったんです。

そして、彼女にフラれました（この間約30秒）。

恋破れ泣き叫ぶ僕に、彼女は言ったのです。

「私、来月から中国に留学に行くの」

……彼女は、そのまま国外へと消えて行きました。

僕の地獄の旅は、こんなきっかけで始まったのです。

僕は彼女を追って、中国へ行くことにしました。

しかし、ただ追いかけるだけではいけません。彼女を見返すため、弱々しい自分を捨て強い男になるために、自分自身を鍛え直すために僕は、旅のスタート地点を、中国から陸続きで最も遠い場所、**アフリカ大陸**に決めたのです。**アフリカから、陸路で中国を目指すことに決めたのです**。なんでそんなこと決めたんだよこのバカ(号泣)。

そして旅は始まりました。

南アフリカ共和国、喜望峰より命からがら北上を続け、辿り着いたのはケニア。そしてケニアの首都ナイロビからは国境を目指すトラックの荷台に乗り、**むき出しの鉄骨の上で座ることまる2日**。暴虐無人な悪路での揺れによって、かわいい僕のお尻は無残に砕かれました。こぼれ落ちた引きこもりの涙はアフリカの母なる大地を潤し、枯れた地表からは小さな命が芽吹いたといいます……。

ともかく、2日間の拷問ののち遂に僕は国境の町へ到着しました。

しかし、アフリカがその真の力を見せ、引きこもりの心をぼっこぼこに打ち砕くのは、まだまだこれからだったのです。引きこもりを絶望へと誘う辛い旅は、これからが本番だったのです……。

こんな国いやだ(号泣)

エチオピアの街角にいた八木沼さん（左）と八木沢さん。時々大事な書類を食べやがるので注意が必要。

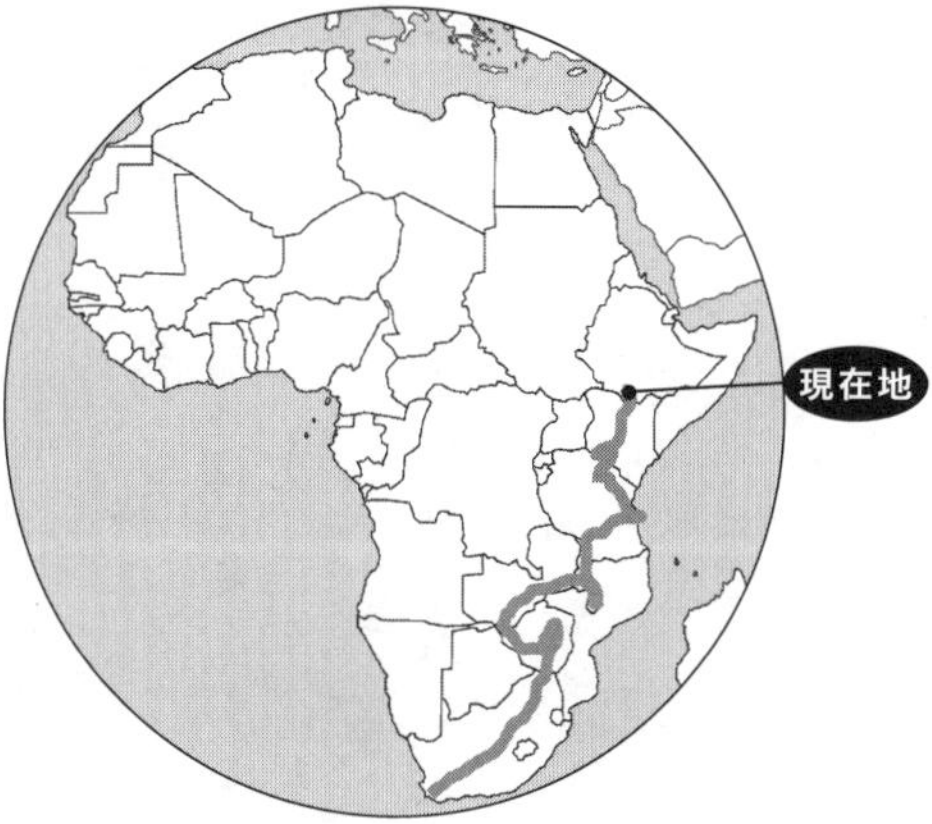

ケニアの最果ての地に積み荷となってお届けされたのは、夜も8時を過ぎた頃であった。残念ながら国境はもう閉まっているためエチオピア入国は明日にして、今日はケニア最後の1泊である。

まあ国境が閉まるといってもエチオピア自体が閉店するわけでもあるまいし、「あ、ついうっかり」とか言って**うっかり**越えてしまえばいいような気もするが、まあとりあえず今は出国を急ぐよりも2日間の暴行に耐え切った**尻のケア**が大切である。

暗闇の中、**乱れきった着衣で尻を押さえながら目に涙を溜めて**宿に転がり込んだオレに、従業員は思わず「オーマイゴッド」と叫び、哀れんだ目でやさしく毛布をかけてくれた。そのやさしさはとてもうれしいが、**なんだか誤解されているような気がする。**別に何か大切なものを失ったわけではないので、**気を利かせて敏腕女弁護士とか呼ぶのはやめてほしいものだ。**

部屋に荷物を投げ出すとすかさずシャワー室へ飛び込み、尻にやさしく円を描くように水をかけ、丁寧にねぎらいの言葉をかけながらアイシングをする。ああ……今までよく頑張ってきてくれたね、オレのかわいい尻。生まれてから26年間、辛いことも、苦しいことも、いつも一緒に乗り越えてきたね。時には親に叩かれたり、我慢できずにもらしたこともあったけど……

……むむむ。なんかせっかく人が感動的なシーンを演じているのに、頭上に何かガサゴソと気配を感じるぞ。…………。そ〜っと視線を壁に向けてみると、おやまあ、天井付近に**手のひらサイズの巨大な蜘蛛が2匹ほどいらっしゃいます。**

…………。

ねえさん、気絶していいですか?

い、いや、ダメだ! ここで意識を失うわけにはいかない。今ここにいるのはオレ1人だけではないんだ。**尻も一緒なんだ!!** 彼を守るためにも、オレが倒れるわけにはいかないんだ!

とりあえず**一糸まとわぬ姿**という人間として**最も美しい**、しかし無防備な態勢のオレは、頭上からブラーンとぶら下がってくるクモのイメージに脅えながら、尻をはじめとして体についた石鹸の汁(石鹸の質が悪いので泡は出ない)を猛烈なスピードで洗い流した。

オレは毒針に刺されてスパイダーマンになっても街の平和は守らないし、むしろ女湯や**女性専用マンションの上層階**で壁に張り付いているところを発見されるだけだ。なんの蜘蛛だか知らないが、オレを仲間にしてもそのように**クモ業界のイメージダウン**につながるだけだから、襲わない方があなた自身のためにいいですよ。

しかし数ある不気味動物の中でもクモは群を抜いて気持ちが悪い。だいたい**蜘蛛**って字だけですでにおどろおどろしいじゃないか！　これに毒をつけて**毒蜘蛛**にでもなった日には、字を見ているだけで**何かに感染しそうだ**。さらに性格的な特徴を加えて**毒極悪蜘蛛**にでもなろうものなら、字を見た瞬間ゴキジェットをひたすら噴射し、文字を消してやりたくなる。その上**言いにくい**。

何にしろ、シャワー室に普通にこんな**悪の使い**が常駐しているということが、この先の地域の**魔境ぶり**を暗示しているような気がする。


翌日は尻休めのためにゆっくり9時過ぎまで寝て、いよいよ国境越えだ。ケニア側の出国審査は、模範囚として問題なく通過。

よし、それでは1、2の3で国境を越えよう。1、2〜の……

ドパパパパパパパパパ
助けて〜っ！　助けてくださいっ!!　助けてくださいっ（世界の中

心で愛を叫ぶふう)！　撃たないで!!

「ちょ、ちょっと、そこのエチオピア人のにいさん！　この**かなり近くから聞こえてくる銃の乱射音**は一体なんでしょうか」

「あー、きっと**密入国者をアーミーが撃ってるんだろう**。最近多いんだよな」

「撃つことないと思うんですけどね僕は（涙）。人の命って意外と大事ですよ。あなたがたが思っている以上に」

おそろしい……。国境へ黙って侵入したら有無を言わさず連射とは。**昨日の夜うっかり国境を越えなくてよかった（号泣）**。いきなり機銃掃射では、あちゃ～と申し訳なさそうな顔をして「すいません、ついうっかり」と**言い切らないうちに蜂の巣**である。

相変わらずキャーキャー言いながら銃声から逃げまどっていると、気づいた時にはいつの間にかエチオピアへの入国を果たしていた。

…………。

なんかエチオピアに入った途端すごい数の視線を感じる。四方八方から、この東洋からやって来たハリソン・フォードを奇異の目で見つめる何十もの瞳。いや、瞳というとなんか純粋な感じがするので、訂正して何十もの**眼球**。

「ユーユー！」

なんだうるせえな。ガキにかまっているヒマはないんだよ。

よくわからんがユーユー言いながらついて来る子供を無視し、国境から1本延びる道を上がっていくと、人ごみの中からマネーチェンジャーの若いにいちゃんが登場した。

「チェンジマネー？　エチオピアブル持ってないだろ？」

「おおっと！　ありがたい。じゃあケニアで余った100シリングを……ってなんか動きづらくなってきたな。ちょっと待ってよ、今財布出すから**……っておまえらなんなんだよ！　寄るなこら！**」

なんだか夜中に老婆の怨霊に首を絞められているような窮屈さを感じ、ふと周りを見ると、**オレと両替屋の周囲にエチオピア人が100万人くらい集まっている。**そして、オレの一挙手一投足を見逃すまいと凝視しているのだ。

…………。

両替より脱出が先だ。両替屋と立ち話をしているだけで100万人もの群集ができているのだから、ここで財布を出して実際にやりとりを始めたら1億人は集まって来るだろう。オレはとりあえず群集を掻き分けて、なんとか道端の安宿へ転がり込んだ。

ところで、エチオピアの安宿は現地では「ブンナベッド」と呼ばれている。酒場を兼ねた安宿をこう呼んでいるようなのだが、時々北から下って来た旅行者に聞くと、全員がこのブンナベッドに関してはエチオピア人が聞いていたら**名誉棄損で告訴するのでは**と思うくらいの、**週刊新潮でも掲載をためらうのではないかと思われるほどのひどい中傷**を並べ立てるのである。

なんでもここを地獄たらしめている2つの柱は、**理論的限界まで汚れきったトイレと、数百匹の目に見えない生物が棲《す》むベッド**だそうな。誰もが、エチオピアのことは思い出すだけで悪寒に襲われるらしい。まあでも、きっとただの**都市伝説**ですよ。そんなのただの噂です。うわさ。信じるも信じないもわたし次第です。

「カモーン旅行者。おまえの部屋はここだよ」

宿の主人について部屋に入るとそこは結構な広さのシングルルームで、特に見た感じ、悪いところはない。**ほらみろ！　エチオピアといってもごく普通の宿ではないか!!**

「サンキュー。えーっと、アムハラ語では……アムセギナッロ」

「よしよし。ま、リラックスしていってくれよ」

「あ、ちょっと待って。この部屋電球切れてるんじゃないすか？　ヒモを引っ張っても反応ないんですけど」

「なんだと！　オレが何年この宿を管理してると思ってるんだ！　電球が切れてる部屋なんかに客を案内するわけないだろう！」

「ひえ～っ、すいません‼」

「以後発言には気をつけるように」

「本当に申し訳ございませんでした。では、どのように電気をつけたらいいのか教えていただけると大変うれしいのですが……」

「電気はまだだよ！」

「まだ⁇」

「この辺り一帯に電気が来るのは大体夕方6時頃だ。それまで散歩などして待ってなさい」

「……ドサッ（持っていた手荷物を取り落とした音）」

あの……**電球切れてる方がまだマシでは（涙）？**　そりゃまだ昼間だけどね、結構部屋の中は暗いですよ⁇　こんなとこで読書でもしたら**「またそんな暗いとこで本読んで！　目が悪くなるから電気つけなさい！」**ってお母さんに怒られますよ？

くそ、まだここには文明の夜明けは来ていないのか……。

おや？　なぜか暗い部屋の壁際に洗面器が。共同シャワー共同トイレなのに、なぜ部屋に洗面器??

オレは床に転がっている洗面器を持ち上げて訊ねた。

「家主さん、この洗面器は一体なんなんでしょうか」

「そりゃ洗面器っつーか、ブンナベッドには必需品の、**非常用トイレだよ**」

「……カランコローン（持っていた洗面器を取り落とした音）」

わたくしこの手に直にそのトイレ用洗面器を持ってしまいましたがっ！　この宿の創立以来何千人という宿泊客の利用した洗面器をっ!!

あんたオレがこれ持つの見てただろう!!　なぜ、なぜ触る前に止めてくれなかった！

「そんな不潔そうな顔するなよ。大丈夫、これは小用で、さすがに大の方をここにする奴はいないから」

「は〜、そうだったのか〜。なら安心。全然汚くないよ。ペロペロ。**って安心できるかっ!!　十分汚いんだよっ!!!**」

「うるさいやつだなあ。潔癖症か？」

「**潔癖症だったらすでに意識を失ってるんだよ!!**　小なら汚くないの？　どうして？　聖水だから？　黄金水だから？」

「それ以上はおまえ自身の印象を悪くするので言わない方が……」

「おおっと。すいません。取り乱しました」

「そんなに気になるんならシャワーでも浴びてこいよ。トイレの隣にあるから」

「トイレ……。ううんトイレか……。また新たな恐怖の足音が聞こえてくるような……。まあでもそうするよ。決して覗かないでね！」

オレは早速洗面道具（洗面器ではない）を抱え、中庭のシャワー室へ向かった。すさまじい年季の入った板張りのトイレとシャワー室が2つずつ並んでいる。とりあえず、ここに来たら**確かめておかねばなるまい。ブンナベッドのトイレとはなんぞやを。**

スーハースーハー。オレはトイレの前に立ち息を整え、慎重に木製の腐りかかった扉を開けた。


……………。

そして扉を閉めた。

なんか、お山が見えたよ。お山が。暗くてよくわからなかったけど、こんも

りとなんだか茶色いかたまりが。わーい♪　山登りだー！　オエ〰〰〰〰〰〰〰〰〰〰〰っ（吐）。

「ん？　どうした。シャワーは隣だぞ。そこはトイレだ」

「……（泣）」

「ははは。**見たのか。**さすがにこれは外国人にはショックだろうな。なにしろ客も多いし酒場の連中も使うから、**トイレはいつもFULLになっちゃうんだ**」

「はははははひふふ、FULLですか……」

あんた、普通「トイレがFULL」って言ったらさあ、個室が埋まっていて順番待ちするような状態を指すもんだろう？　**出された物が満タンな状態を指すその使い方は初めてでとても興味深いぞ（号泣）。**

ともかくオレはこの精神の金縛りから逃れるため、隣のシャワー室へ転がり込んだ。もう木の扉がベロンベロンに剝けており、築600年といっても過言ではないのであるが、ここシャワー室でもオレは興味深い事実を学んだのである。そう、**電気と窓がないシャワー室では、真っ暗でシャワーが浴びられないということを（涙）。**

真っ昼間から、**ドアを開け放ち全裸姿を公開しながらシャワーを浴びているオレ。**

ふふふ……。**これがジャパニーズ露出マニアだぜ！**

ちなみに日本の恥をさらさぬよう、ちゃんと通りがかりの人には「テナイストリン！」と現地のアムハラ語を使って挨拶をした。**全裸とはいえ**、これだけの礼儀正しさを見せれば**東洋人への好感度も相当上がることだろう。**特に女性客にはキャーキャー言われながら**かなりの部分まで見せ**、たっぷりサービスをしてあげた。

さて、満足に体の隅々まで洗い上げると、オレは再び町へ出た。

モヤレの町はケニアから1本延びる唯一のアスファルトの通りを中心に、というか**その道の周りだけで町の存在が成り立っている**といっても過言ではない。というとせめて目抜き通りの周辺だけは賑わっている印象を受けるかもしれないが、「おー、この辺りはそこそこ賑わっているなあ」と思ってもよく見るとそれは人ではなく**ヤギ**で賑わっていたりするため、実際のところは**身売りする前のおしんが薪を運んでいそうなくらいさびれきった村**である。

「ユーユー！　ユーユー！」

宿から1歩出た途端またガキどもが集まってきた。そしてなぜか口ぐちにオレに向かって「ユーユー!!」の大合唱である。

「おいおまえら！　オレはさくらだ！　**ゆうゆじゃねえぞ！**　さくらさんと呼べ！」

「……？　ユーユー！」

うーむ。今エチオピアではなつかしのゆうゆ（岩井由紀子）がブレイクしているのかと思ったのだが、どうやらこれはオレが**ゆうゆに似ているということではなく**、単に「ヘイ、Ｙｏｕ！」ということで簡単な呼びかけのようである。しかしオレに向かって指をさしているガキもおり、そもそも年上に対して**「おい！　お前!!」**と言っているのだ。初対面のビジネスマナーとして大変失礼である。

「なんだ？　なんか用かおまえら！」

「ユーユー！　ユーユー！」

「ユーはわかったよ！　だからなんか言いたいことがあるのかよ！」

「ユーユー！　ユーユー！」

「このガキャ―――!!　てめーらは家に帰ってリカちゃんハウスでも組み立てて遊んでろよっ!!」

「ササッ！」

「待てコラ！」

無視して歩けばいつまでもユーユー言いながらまとわりつき、こちらがいい加減頭にきて顔面をひくつかせて立ち止まると、**その瞬間ササッ！　といなくなる**エチオピアンクソガキども。逃げ足だけは近所のノラ猫より速い。

とりあえずオレは、ガキにおちょくられ怒り狂いながらも、明日の交通情報を得るために
バス広場へ向かった。早速であるが、首都であるアジスアベバに向かって北上するのである。

「あのー、すいません。明日アジスアベバに行きたいんですが」

「1日で行ける直通のバスはないから、明日は途中の村まで行って1泊して、そこでまたアジス行きのバスを見つけなさい」

「ガーン！」

「ちなみに、エチオピアは全てのバスが1日1本だから。んで朝5時半頃席が埋まった時点で発車な」

「ガーン!!　大造じいさんとガーン!!!」

こ、これは……。なんとエチオピアでバスが発車する時間は、北から南まで**エチオピア全土すべて早朝5時頃**と統一されているらしい。しかも、それ以降の時間に発車するバスはないのである。つまり、どの町からどの町に行くとしても**絶対に1日1本**、そして寝過ごしたり定員オーバーになったりしたら**翌朝まで待たなければならない**という、21世紀にあるまじき交通事情なのだ。もし乗り過ごしたら駅前の中学生カップルじゃあるまいし**「待ってる時間も幸せなの」**などとたわ言を吐くことは到底できず、この何もな

い村で翌日まで時間を潰すというのは**ナウなヤング**のオレにとってはある種の拷問である。

これはなんとしてもドントミスイットだ。


さて、エチオピアでは宿以外にも旅行者が満場一致で非難声明を出しているものがある。それは、食わず嫌い王決定戦でメニューにこれが入っていたら**どんな演技派俳優でも試食を待たずに「参りました」と言うだろう**といわれるエチオピア独自の主食、**インジェラ**だ。

オレはその非難声明の謎を解くため、遅い昼メシに噂の食物インジェラ・アキにトライしてみることにした。

デカいな!!
なんだこりゃ!!

このデカさはなんぞや。男とはなんぞや。中央に「ワット」と呼ばれるシチューが載っかっているが、その皿が普通のスープボウルの大きさである。それと比べて周りのこの器。クレープのようなインジェラを載せているのは、皿ではなく**巨大な洗面器**ではないか。**エチオピアの宿では洗面器をトイレ代わりに使っているにもかかわらずだ。**食事の皿とトイレが同じということは、つまり日本に置き換えて考えてみたら便器にご飯……いや、**言うまい。**

とりあえずオレはインジェラを適度な大きさに千切った。……なんかビチョビチョで気持ち悪い。見た目はクレープのこのインジェラ、なぜか食べる前から**全体的に湿ってます。**なんの湿り気なんだろう。もしかして先客がこの器をトイレと間違えて使ったんじゃ……。

ええい！　食べる前から文句言ってんじゃねーよ!!　贅沢こくでねえ!!　食べられるだけでも幸せもんじゃ!!

パクっと一気に。

………。

おっ、**おおっ!?　ほほーっ！**……なんか心配していたわりには、思い切って食べてみるとこのインジェラは意外にも、決して甘からず、そして辛からず、**そして美味から**

ず（涙）。

ああ、**酸っぱい（号泣）**。なんで酸っぱいのこれ。**1週間雨ざらしし続けたパン**を食べたらこんな味になるような気がします。この、酢に浸したかのようなグチャグチャした酸味と舌触りがなんとも……。

なんで酸っぱくしたんだ？　主食じゃん！　**主食は味がなくていいじゃん!!**

まあオレは美味からずと言っているだけでマズいと言っているわけではない。しかし「美味からず」が出たらリーダーや寺門さんに**「マズイんじゃねーかよ!!」**とつっ込まれるのが**セオリー**なので、まあある意味というか正直にというか、大きな声では言えないが別に本から声は出ないので遠慮せずに書くと、**マズイ**。

こ、これは厳しい食生活になるぞ……。このインジェラが主食だとすると、エチオピアの旅は断食生活になってしまう。だって、**飢え死に寸前まで**インジェラを口にするのは避けたいから。結局オレは4分の3ほど残して、従業員のいない隙に金だけ置いて逃亡した。

宿に戻った頃には既に夜になっており、ようやく電気はついたが1つ目前に迫ってきた、困ったことがある。

……おしっこしたくなった。

ああしかしあのトイレ、昼間覗いた、現実と冥界の狭間に存在するあのトイレの映像がありありと脳裏に甦《よみがえ》る。……。とりあえず、オレは中庭を渡って共同トイレの前まで進んだ。

そ、そうだ。もうあれから5時間も経っているんだ。もしかしたら、**たまたま**さっきは満タンだっただけで、今頃は反省してすっかり片付いているかもしれない。とりあえず開けるだけ開けてみよう。ダメだったら**その時はその時だ！**　いよ～っ（掛け声）！

ギイイイイ～～～～～～～～～ッ（ドアの開く音）

…………。

やっぱりダメだ（涙）!!　今がその時だっ（号泣）!!

くそおっ、立ちションだ！　表で立ちションするしかないっ!!　こんな具材山盛りのトイレに入るなんて、国民的美少女コンテストに参加予定のオレができるわけがない!!

オレは外に出て、闇の中を徘徊した。ちょっと裏道に入れば人もいないだろうし茂みも多い。国民的美少女失格ではあるが、ここはちょちょいと道端で済ませてしまおうではないか。横道に進み、人気のない草むらを探してチャックを下ろす。

「ユーユー!」

ぬお——っ!

振り返ると、**エチオピア人が50人からついて来ている。**

なんだおまえらは! プライバシーの侵害だぞ! 国民的美少女といえどもプライバシーは保護されるべきである!!

しかしオレの強い訴えもよそに、全エチオピア人は**暗闇でチャック全開な日本人**を徹底的に凝視している。

………。

くそーっ! こんな状態で出せるかよ!! なんではるばる日本からやって来ておまえらなんかに放尿シーンを見せなきゃいけないんだよ! しかも公道で! ソフト・オン・デマンドじゃあるまいし!!

結局オレは表へ出て**チャックを下ろして上げただけ**で、再び宿へ戻った。もうこうなったら突撃するしかない。あの魑魅魍魎《ちみもうりょう》の闊歩する、黄泉《よみ》の世界の入り口へ……。

オレは覚悟を決め、トイレのドアを開けた。目前には、かつてない**一大スペクタクル**が広がっている。床の中央に大体直径15㎝くらいの穴があいているのだが、深さが足りないのか、収容しきれず溢れ出たものたち、そして最初から穴を外して周りに落ちているものたちが合体して、標高20㎝ほどの見事な丘陵ができ上がっている。ある種、**自然が創り出した奇跡的な造形美**ともいえよう。

それでも掃除しようとする意欲だけはあったのか、床はビチャビチャの水びたしである。メイドさんが一生懸命流そうとしたけど力及ばなかったのだろうか。正直その水は**土石流**と化しており汚さを倍増しているだけなのだが、しかしオレは一時的に感情を統制し**殺人マシーンと化し**、ボチャンボチャンと水に浸りながら中央へ進んだ。そして、**丘の7合目へ向かって**自分のものを放水する。

ズボズボズボズボ……

う、うげげ、おおえええ〜〜〜〜〜〜〜〜〜〜っ

山の真ん中に**水圧で穴が開いていく**。この光景は、**人として一生のうちに一度も**

見ない方が有意義な人生を送れそうな光景だ（号泣）。苦しいが、**ここでの呼吸は断固として拒否する。**

出し終えて窒息寸前で扉を開け、外に飛び出した瞬間は、こころなしか**母の胎内からこの世界へ飛び出した26年前を思い出すような気分であった。**

「ヘイ、楽しんでるか！」

「ヒッヒッフー、ヒッヒッフー……ああ、死ぬかと思った……。おや？　あんたなにやってんの??」

ふと見ると、隣のトイレの扉を開けて、酔っ払った若者がなにやらごそごそとやっている。彼はドアの外に立っているのだが、しかしその股間からはシャーシャーと元気に飲んだ酒を噴き出している。小便をしながら話しかけるのはやめてもらいたいものだ。でもなんでこいつはトイレの外から放尿してるんだ??

……………。

今1つわかったことがある。

ここの客は、**トイレが汚いために、中に入らずに扉だけ開けて外から小便をし**

ているのである。そのために、床が何十人ものお小水で水びたしになっているのである。

さっきオレ、ここにボチャンボチャンって浸かりながら……。

オレは入国初日にして、**早速エチオピアに殺意を抱いたのであった。**

孤独なファイター

朝は各部屋の使用済み洗面器（トイレ用）が集められるので、ぜひ覗いてみよう。一生のトラウマになるよ！

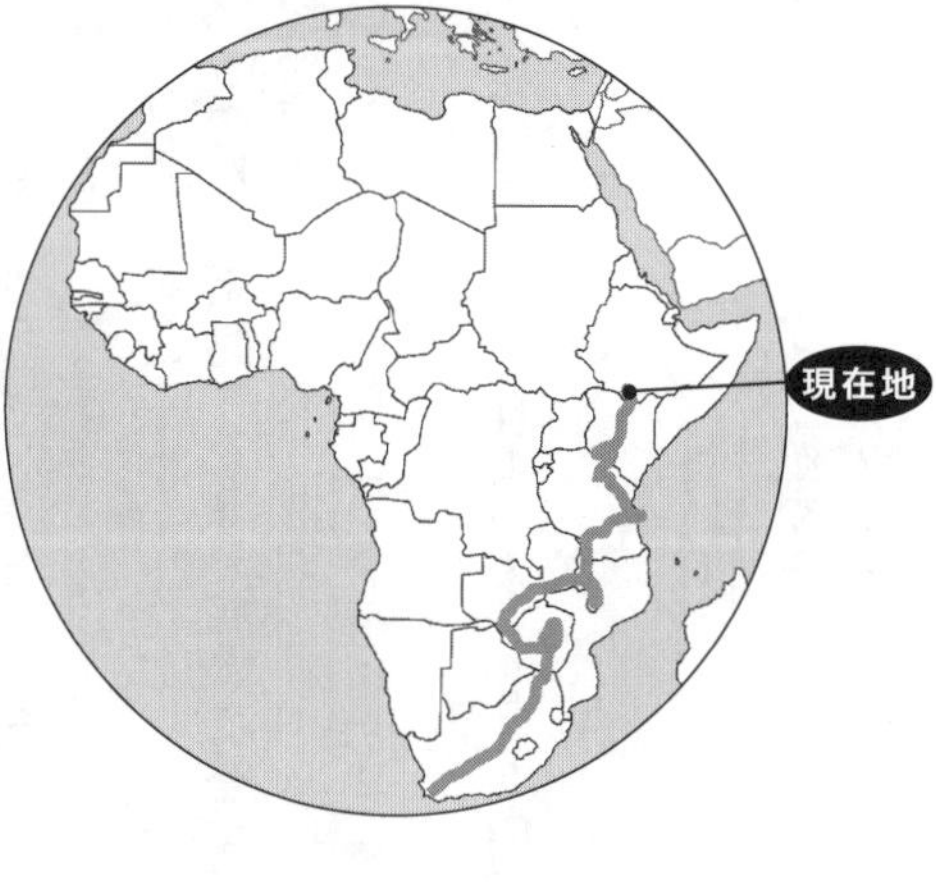

エチオピアの安宿・ブンナベッドには必ず大衆酒場がくっついており、やはりこの宿にも同敷地内、部屋からほんの20mのところにバーが併設されている。

酔っ払いどもの騒ぎ声とエチオピアンミュージックは、夜中になっても念仏のようにオレの部屋まで流れてくる。明日の朝4時半起きだから**頼むから寝かせてください**と祈っている宿泊客がすぐ近くにいるなどということは、誰も露ほども考えていないのだろう。

一応すれ違ったメイドに「なんか賑やかで眠れないなあ」とボヤいてみると、「あら、悪いわねえ。**アーッハッハ！**」と、**「おもいッきり生電話」で悩み相談に答えるベテラン俳優くらい心のこもっていない返答**が返ってきた。まあそりゃそうだろう。こっちはたった1泊100円ちょっとで泊めてもらっているのだ。宿側もそれしきの値段で文句を言われる筋合いはないだろう。

……いや、**もっととっていいからトイレを掃除してくれよっ！　500円、いや、1000円あげるから!!**

深夜になってもエチオピア人は騒いでいるが、オレはとにかく寝なければいけない。見た目は豪華に見えるアンティーク風のベッドも、噂では**ダニノミ南京虫くんたち**が何百匹と住んでいるらしい。彼女たちはとってもウブなので、オレのような出会ったばかりの男が一緒にベッドに入ろうとすると、全力で拒んで**刺しまくってくる**ということである。**エチオピアの阿部《あべ》定《さだ》**と言っても過言ではない。

幸いにして、布団を干そう干そうと思っているうちに**2年が過ぎ3年が過ぎる**ワンルーム男1人暮らしの免疫力なのか、痒くて眠れないという最悪の事態は免れることができた。しかし、今度はなぜかその攻撃はオレの喉に向けられてきたようだ。呼吸をするたびになぜかオレの喉に何かが飛び込んでくるような気配があり、咳が止まらない。ダニノミだけでなく**エヘン虫**もいるのか？　コンコン、コンコンコンと息を吸うごとに絶え間なく咳が……おおっ、なんか**コンコンって書くとゴホゴホより断然かわいい感じがするぞ。**

コンコン！　コンコン！　必死に咳をしながら、しかし精神を集中し無理矢理眠る。呼吸が苦しいため混沌とした浅い眠りである。うつらうつらと、夜中におしっこがしたくなった時は闇に乗じて**こっそり中庭で出した。**あのトイレはもとより、**洗面器**に出して**明日の朝まで自分の小便と一緒に過ごす上に誰かに処理をさせる**というのは、**カリスマホストであるオレのプライドが許さん。**

寝たのか寝なかったのか、意識があるのかないのかわからないまま咳をしつつ転がっていると、朝の4時半を知らせる目覚ましが鳴った。

……朝じゃねーよ！　夜中だよ（号泣）!!

喉が……オレの喉にエヘン虫の一団が移住を済ませている……うぅ、オエッ。暗闇の中必死の思いで起き出し、電気のスイッチを入れる。

……電気きてねー（涙）。

ああ、そうだったんだ。この村は夕方6時から夜の間しか電気が……。オレはバックパックから手探りでペンライトを取り出し、闇を照らしつつ荷造りを始めた。**……夜逃げ屋かオレは（涙）??**

ちなみに、ここで1つ困ったことが起きた。……いやいや、寝られないわ体調崩すわ電気つかないわで**既に何個も困っているが、**もっとすごい悩みの種がさっそうと登場した。

……トイレ行きたくなっちゃった。

今度は**大のほう。**

ど、どうしましょう……。いやや……あのトイレに、あのトイレに入るなんて**いやや。**

あたいあんなところで大なんてできないんぇ！　勘弁してくりゃれっ!!

でも、でも今日はまた9時間くらいバスに乗り続けなけりゃならない。もし途中で我慢できなくなったら……。

…………（バスの中でもりもりともらしているシーンを想像）。

やっぱり今行っておかないと……（号泣）。うう……いやだ……行きたくないよ〜（涙）。でも、でもそれ以外方法が。

……いやまて。

よく考えてみろよオレ。おまえは、自分からすすんでアフリカを縦断しようって決めたんじゃないのか⁉　誰の命令でもない、自分の意思で決めたことじゃないか！　トイレが汚いだ？　**そんなの来る前からわかってたことなんだよ！　わざわざエチオピアまで来てそんなくだらない泣き言を言ってるんじゃねーよ‼**

……そうだ。

オレの言う通りだ。

どうやらオレは、日本を出た時の前向きな気持ちを忘れ、いつしか自分自身に甘えていたようだ。ここらでもう一度、アフリカの旅というものを見つめ直してみよう。思い出そうよ、あの時の気持ちを。

ふう……。

誰がなんと言おうと汚いもんは汚いんだよっ‼　アフリカ旅行者はフンにまみれなきゃ一人前じゃないって誰が決めたんだよ！　オレはイヤな思いをせずに清潔に快適に楽しい経験だけして帰りたいんだよ‼‼

…………。

一体朝から何やってんだオレは……。

くそ……きっと今頃日本ではオレの友人、親戚、ペットのムクですら、きれいなきれいな家と小屋で、気持ちよく寝てるんだろうな……。きっとトイレに行きたくなっても、**いちいち心の中で行くか行くまいかの激論を繰り広げる必要なんてないんだろうな（涙）**。

とりあえずオレは覚悟を決めた。貴重品を背負い、トイレットペーパーとペンライトを持ち中庭を通りトイレへ向かう。月明かりが……**なんか月までエチオピアで見ると憎たらしく感じる**。

深～く呼吸をし、決意を込めてドアを開ける。

……見えん。そうだ、電気がつかないんだ。

オレは持っているペンライトで、**ライトもそんなもの照らしたくないだろうが、**中央のフンの丘を照らした。**相変わらず威風堂々としたエチオピア富士が、物言わず鎮座している。**数多の旅人が、酔客が、宿の歴史を追うごとく日夜このトイレを使い、彼らにより幾重にも積み重ねられた茶色い堆積物が輝くこのエチオピアならではの芸術品。和の食材で表現すれば、**創業以来継ぎ足している秘伝のタレ**に相当する熟成ぶりである（嘔吐）。

……入るしかない。入るんだ。

幸いにもこの時間利用客はほとんどいないのか、昨晩尿の海だった床はわりと乾き気味である。尿の海……。**尿の海を越え、フンの島へ辿り着く。**我ながらエチオピアのトイレを表す**知性溢れるセンテンス**を思いついてしまった。**だからどうした（号泣）。**

中央へ進むと、オレはライトを**口に咥えた。**片手はトイレットペーパーを持っているため、こうしてもう片方の手を自由にしてやらなければならない。咥えたライトで足元を照らし、可能な限り山の前方に立ち位置を決めズボンを下ろし始める。とにかく注意しなければならない。下げたズボンが山に**かすっただけでもご臨終**である。

問題はこれからの尻だ。尻をどこまで下ろすのか。普通にコンビニの前の不良のようにくしゃっと座ってしまったら、尻とフン山が**世紀のドッキング**である。まあもともと尻と大便というのは**因縁浅からぬものがあり**、そんなにかけ離れたものではない。と言っているが、もし本当に尻がフンの山にピタっとついてしまったら**自殺します**。苦しい。苦しい体勢であるが、今までの旅で培った必殺中腰だ。プルプルと震えながら、**口には懐中電灯をかじりながら、人生最高難易度の朝のトイレである**。もし今ライトが口から落下したら、サクッと山に刺さり辺りは暗闇に包まれるだろう。それにしてもここ数日間、**本当に尻にはなみなみならぬ苦労をかけている。尻よ、どうかこの甲斐性のない主人を許しておくれ（号泣）**。

さて、なんとかエチオピア山へ接触することなしに事を済ませた後は、文明人としてトイレットペーパーで役目を果たした尻をきれいにするのである。悪いが拭いた紙は**植林の気分**で山へ捨てさせてもらう。それも比較的高い空中から落下させるのである。山へ向かって投げでもして、勢い余って**フンの一団を手でざっくり**すくうことになったらこれまた**憤死決定**である。

本当にオレは朝の5時前から何をやっているのか。泣きたいを通り越して、**自分という人間の存在に疑問を感じる。**

ようやく事を済ませ部屋へ戻ったオレは、数日分の精神力を使いきりこれからゆっくり寝たいところであったが、**なんと1日が始まるのはこれからなのであった。**もう今日は十分戦ったよオレは（涙）。

5時すぎ、バックパックを背負い咳をしながら**大変お世話になった**宿を出た。この宿のことは一生忘れないだろう。ああ、絶対忘れないだろう。だから、**誰か人の記憶を部分的に消す方法を知っていたら教えてくれ。**

バスターミナルとして使われている広場に着くと、何台かは既にエンジンがかかっており人影もちらほら見える。

「ユーユー!!」

「やかましいこのガキがぁっ!!」

「ファック、ユー！」

「おまえちょっと来いやあああ！」

「スタコラサッサ!!!」

なんなんだこいつらはっ！　朝っぱらからクソガキが！

こんな時間からチョロチョロしやがって……ウエホッ！　グオハオッ！　うう……咳が止まらん……なんか頭も痛くなってきた……

連日の睡眠不足、過酷な移動。**そんなことよりもこの体調不良の一番の原因は昨日の宿とあのベッドだコラ!!　宿に泊まって逆にダメージを受けるって堀井雄二もびっくりだよ!　なんなんだよこの国はっ!!**

昨日今日とこの国を五感で味わった、**このオレの肉体が理性を全て吹き飛ばしてエチオピアを拒んでいるのを感じる。**なんなんだこの感覚は……。まださわりしか見てないだろうに……。

きっちり5時半にバスは発車した。寒い。暗い。こんな時間に起きているのは、おそらく地球上で**エチオピア人とオレとみのもんたくらいである。**

とりあえず、エチオピアのバスは狭い。ケニア、タンザニアで乗っていた長距離バスと比べると**2カップくらい**小さい。まあ2カップというのはたとえで、別にエチオピアのバスは**トップとアンダーの差があまりない**ということではないのだが、別の表現をすると、タンザニアの長距離バスが「タイタニック」なら、エチオピアのバスは外見も広さも**「親指タイタニック」くらいの規模**なのである。

だが、別にサイズが小さくても定員を減らせばそれなりに居心地は悪くないであろうが、おそらくエチオピア人はそれに**気づかなかったのだろう**、もしくは「いいかみんな、人間もバスも外見じゃない、中身が大切なんだ！」というエチオピア国土交通省の**間違っている正義感**からか、悲しいかな**収容人数だけはタンザニアやケニアと張り合っているのである。**

つまりこっちは狭い中に多人数を収容しているため全体的に座席の作りが非常に窮屈、前の座席に膝がひっかかるため斜めにしか座れず、さらに時々ズルッと椅子からずり落ちてそのたびに**『新婚さんいらっしゃい！』の桂三枝のモノマネをしている気分になる**のである。

木製の座席のため膝も尻も痛いし、窓も閉め切られ排気ガスと砂埃が酷《ひど》い。**たとえ健康優良児でもこのバスに乗った翌日は学校を休むだろう。**

ところでオレのすぐ斜め前でこっちを向いて座っている男は、さっきから何やら植物の枝を持って、その枝から**葉っぱを千切っては食べ千切っては食べ**ている。オレはバス内の淀んだ空気に咳をし冷や汗を流して耐えているのだが、どうもさっきから男がオレの方を見ているのが気になる。その上親切そうな顔をしているのが余計恐ろしい。あんたにとってはその葉っぱは美味しいものかもしれないが、エチオピアと日本では**食文化の違い**というものがある。**頼むからヘンな気を利かせないでもらいたいものだ。**

しかし50㎝の距離で何時間も黙って向かい合っているのには耐えられなかったのだろう、

親切な彼はおずおずと手に持った枝を差し出してきた。

「どうだ、おまえも食うか?」

「…………」

食うか〜っ! オレはキリギリスじゃないんだよ!!

「い、いや、せっかくだけどちょっと今体調が悪くて」

「じゃあ丁度いいじゃないか。このチャットは噛めば噛むほど元気になるんだぞ」

「ちゃ……チャット?」

「なんだ、おまえチャットも知らないのか?」

「もちろん知ってるよ!! 無職だからってバカにしないでよ!! 女の子の部屋をインターネットで24時間生中継しながらおしゃべりする、ライブチャットでしょう?」

「**全然違うぞっ!!** とにかくこれはエチオピアでは誰でも知ってるし噛んでるんだ。ただの葉っぱじゃないぞ。どうだ、試してみろよ」

「いらんっ! そんなの欲しくない!」

「そう言わずに少しくらいいいだろう」

「少しでもダメ! 試さない! かじらない! 持ち込ませない!」

しかしその時、前後左右に座っていたエチオピア人が突然相手方に加勢してきた。

「にいちゃん、そう怖がるなよ。砂糖と一緒に噛むとうまいんだぞ！」

「そうだそうだ。ちょっとでいいから試してみろよ！」

「一度でいいから見てみたい、あんたがチャットを食べるとこ。歌丸です」

「そんな突然みんなしてっ!!　オホッ、ゴホッ……うう……いやだ……食べたくないよ……」

　こうして、オレから**断るという選択肢は剝奪されたのである。**

　彼らは自国名産のチャットをオレに食わせなきゃ気がすまないらしい。最初の誘いを無下に断ってしまったことにより他の乗客までムキにならせてしまっているのだが、だからって最初に断らなかったら結局食うハメになるではないか。とにかくもう食べるしかない状況に陥ったわけである。**葉っぱを。**

　男は親切に自分の持っている枝から**葉っぱをたくさんむしり、オレの手に積んでくれた。**更に、氷砂糖のかけらをいくつか渡してくれる。葉の大きさはだいたい縦に1～2㎝くらい、小学生が学校で育てていそうなサイズと形である。

「さあ、チャットを何枚か口に入れて、それから砂糖をかじるんだ」

「……（号泣）」

　四方八方だいたい8人くらいが、オレが葉っぱを食べるのを今か今かと期待して待っている。まさにカゴの中のキリギリスになった気分である。オレは涙ながらに2、3枚の葉っぱを、砂糖と一緒に食べた。

「どうだ? うまいだろう」

「おああ……あぐあぐ……」

…………。

葉っぱだ。葉っぱでしかない。葉っぱ以上でも葉っぱ以下でもない。にがい……。なんか道端の葉っぱでも食べさせられているような味と歯ごたえだ……。と思ったら**本当にそうだ(涙)**。

……おとうさん、おかあさん、**今ぼくは、アフリカでエチオピア人にいじめられて葉っぱを食べています。**今年の冬は寒いですか? 僕は大丈夫です。こんなことで泣いたりしません。

ぴぎゃ〜っ(号泣)

「どうだ、結構いけるだろう?」

「ふは、ふはふぁ、そうですね、う、うまいです……」

「そうだろうが! **よーし、じゃあもっと摘んでやるからな!**」

「そ、そんなっ……」

うまいですというのが**国際的お世辞**だということは、普通は**タラちゃんでもわかるだろう**。しかしオレの目の前のエチオピア人はわからなかったらしく、張り切って枝からチャットをむしり、ずんずんとオレの手に積み上げてくれた。**ああ、なんて親切な人なんだ（泣）**。

オレはいじめっ子たちに監視されながら、何枚も何枚も、ひたすら手に積まれる葉っぱを食べ続けた。つい今しがた枝からむしられた葉っぱを。何枚も何十枚も。**春先の芋虫のように。**砂糖の甘みだけがまだ救いであった。うう、おえええ〰〰っ。

アジスアベバまでの中間の村、ディラに到着したのは午後3時頃であった。葉っぱを**50枚は食べただろうか（号泣）**。1日に食べた量としては**そんじょそこらの昆虫には負けんぞ。**ああ、でも別にオレは昆虫と勝負しているわけではないのに……。

バスが停まる広場のすぐ近くにブンナベッドがあり、今夜の部屋は容易に確保できた。エチオピアは標高が高く、赤道からさほど離れていないにもかかわらず肌寒い。そのため、水しか出ない共同シャワーは、それはそれは**思わず悟りを開いて空中浮遊してしまいそうなくらい地獄の冷たさ**であった。

そして普段の調子を著しく失っていたオレの肉体に、今日のシャワーが与えたダメージは大きかった。部屋に戻る頃には、喉が目の粗い紙やすりになったかのように荒れまくり、発する言葉は全て喉を経由すると咳に変わっていった。

体調に怪しさを感じ体温を測ってみると、日本製の高性能な体温計は、ここ何年も見たことがない数値**38・5度**を指しているのであった。

え、エチオピアの、アホ……。

一瞬の風になって

朝５時、暗闇の中でバス乗り場の開門を待つ人々。太陽が出てからの運行にした方がいいと、誰か気付け。

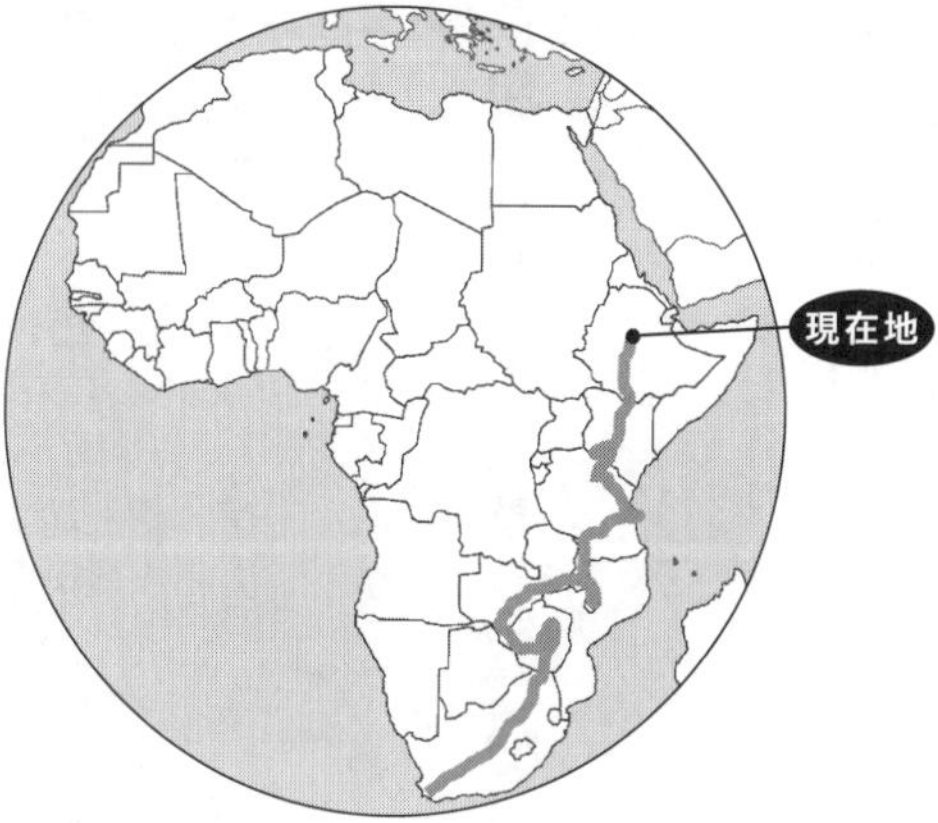

昨晩から**38度を超す高熱**である。緯度に直すと軍事境界線を越えて**北朝鮮に侵入**だ。この体で起床しても大丈夫なのだろうか。頭は脳みそが腫《は》れあがっているかのようにボーっとしているし、更に全身の関節という関節は、**高田道場で寝技のスパーリングをさせられているくらい**ズキズキと痛い。

だが考えてみれば、この村でもう1日寝ていたからって体調が回復するとは限らない。下手に宿の従業員に「な、なんか体調が悪いので元気になるものを……」とか訊ねたらまた**葉っぱを食わされそうである**。散歩中のうちのムクじゃないんだから、葉っぱを食べて喜んでいる場合ではない。

むしろ万が一ひどくなった時にここでは対応のしようがないだろう。Dr.コトーのような無医村を救う正義感溢れる医者がいれば別ではあるが、ただここエチオピアでは、コトーも**1歩村に足を踏み入れた途端ガキどもに囲まれてユーユー言われ、ぶちきれて都会の大病院へ帰って行くだろう**。

どうしよう。今日1日安静にしているべきか、それとも強行するべきか。うーん……高熱で頭がボケーっとして考えられん。

……そうだ。**トイレに行ってゆっくり考えよう!**

うん。**我ながらいいことを思いついたね。そうしよう。**

オレは「ズッコケ三人組」のハカセと同じで、考え事をする時はトイレにこもる癖があるのだ。きっとよいアイディアが浮かぶに違いない。

※　読者の方々へ
作者として、ここに一言さし挟むの異例を許されたい。

先頃の章より、エチオピアでの宿のトイレに類する逸話が連続で登場している。

甚だ似通ったテーマが立て続けに書かれるというこの件については、日本人のもつ古来の常識や道徳ではそのまま理解しにくいことで、むしろ不快をさえ覚える話である。

だから、この一項は作者の判断により除こうと考えたが、ところが原書ではこの作者の行為を非常な美挙として扱っているのである。そういう原書との相違を読み知ることも、旅行記の持つ1つの意義でもあるので、あえて原書のままにしておいた。方々の理解を乞いたてまつる所存である。


……以上、最近同じ話題が出てきて実に冗長な展開になっていることに対しての**吉川英治風言い訳**でした。

ということで、言い訳も済んだので**気にせず書くぞ！　冗長な話を!!**

オレは朦朧としながらも、トイレへ旅立つため紙とライトを持ち立ち上がった。いた、イタタタタ……動くと節々がひどく痛む。もうワシは体が思うように動かん歳になってしまったんかいのう……。まだ20代なのに（涙）。

部屋を出て庭をしばらく歩き、まだ真っ暗な共同トイレの個室を開けた。そしてペンライトで床を照らす。

ぐぼおえええっっ……。ここもかよ……。

ああ（泣）、なんでこうなの。みんな大人でしょう？　なんでこんなにはずしてするの？

あのねえ、幼稚園のトイレじゃないんだよ。大人が泊まってる宿なんだよ。**なんでおもいっきり床に他人が出したものが転がってるんだよ！**

そこに空いている穴は見えないのか？　いや確かにこの穴は小さすぎる。それは認めよう。**だがそれにしても着陸に失敗しすぎだろっ!!　安藤美姫の4回転ジャンプの方**

入国したばかりのオレだってちゃんと穴がまだ着地の成功率が高いんだよ‼　あんたらの尻の中に出せてるだろうが‼

何十年もエチオピアに住んでいていまだにこれだけ標的を外すって……**あんたらの尻は一体どういう作りをしてるんだ？**　スプリンクラータイプか??

頭にきたので拾って拾得物として警察に届けてやろうかと思ったが、持ち主が現れて**お礼の1割をくれても全然うれしくない**ので、今回は見て見ぬフリをすることにした。最悪持ち主が現れないまま半年が過ぎたら、1割どころか**全部オレのものになってしまうし**。

だが拾うにせよ拾わないにせよ、どのみちオレはしばらくこの密室に留まって用を済ませなければならない。なんという悲惨。**ハウテリブル**。高熱で意識は定まらないが、フラっと倒れようものなら床に落ちている**エチオピアの狂気**が容赦なく襲い掛かってくる。そして、ついでにこのトイレには**鍵がない**。オレは朦朧としながらも意識を足元に集中させ、さらに使用中を示すために**定期的に内側から扉をガンガンとノックし続けた**。38度を超える熱に悶《もだ》え、真っ暗な中、左手にトイレットペーパーを持ち右手でドアを叩き鳴らしながら、**口にはペンライトをくわえ、他人の排泄物がそこかしこに転がっている中で直径15㎝の穴に狙いを定めて用を足す**。

これは修行なのか？

オレはなんでこんなことをしてるわけ？　**どうしてこんなに苦しまされるわけ??　夏の恋の魔法のせいかしら???**

トイレから出ると、やはり次の客がドアの前で待っていた。在宅アピールをしておいてよかった。アフリカでとはいえ、危うく**自分史上最悪に恥ずかしい姿を見られるところだった。**あんな姿を見られたら、穴があったら入りたい気持ちになり、**実際フンまみれになりながら床の穴に入ったかもしれない。**

そんなわけで、オレはこのまま着替えてアジスアベバへ向かうことにした。体の具合が悪いからこそ、余計に今日は都市へ移動しなければならない。

こんな冷静な判断ができるようになったのも、あのトイレでショックを受け**強制的に意識がハッキリさせられたから**だ。よかった。もしかしてあのトイレの落とし物は、オレが冷静さを取り戻せるようにわざとあそこに置かれた、**優しいエチオピア人からの贈り物だったのかもしれない。**

もっとも首都とはいえ、「こち亀」の7巻で大原部長が「今日から両津はアジスアベバ市警へ配転になった」と報告していたように、アジスアベバは**ギャグのオチで使われてしまう未知の町**である。どこまで期待していいのかわからない。

それにしても、どう考えてもオレはここ最近健康で文化的な最低限度の生活を送っていない。なんか2週間くらい前から、オレの**基本的人権が守られていない**のではないか。はっきりいって、エチオピアは**日本国憲法に違反している。**いかんよ、そういうのはちゃんと守らんと。おこられるで。

長距離バスで8時間ほど生ける屍（またかよ）となって、午後2時に遂にオレは首都へ到着した。

アジスアベバはさすがに首都だけあって、宿のベッドはモヤレやディラにあった**泊まったら体力を奪われるタイプ**のものではなく、毎日シーツもメイドさんによって頻繁に整えられる（決して取り替えられるではない）という、比較的常識の範囲にとどまったものであった。整えられるだけオレのアパートの布団よりまだマシだ。

懐中電灯を持って心を鬼にし、戦うサイボーグとなってトイレに向かったら、壁際に電気のスイッチを発見した。カチッ

おお！　すごいっ！　電気がつく!!　ハイテクだ!!

明るく照らされる洗面所の中。そして……壁際には、長らく記憶の隅に封印されていた水洗の洋式便器があった。

よよよ（号泣）。

これだよ。**これがトイレってもんだよ（涙）**。やればできるじゃないか。オレは信じてたぞっ！　ああ、いいのですか？　**僕のようなものがこのトイレに座ってもいいのですか？**　なんだかこんなキレイなトイレに座るのは**もったいない**気がします。

人の出したものを見ながらでなくてもトイレが使える、**これを幸せと言わずして何を幸せと言おうか**。そしてこれを幸せと言っている自分は多分**間違っている**。

安ホテルで魅惑の数日間を過ごすと、体温は1度下がって37・4度となった。37度ともなれば、平熱とは**誤差の範囲**ということにして、気にせずビザ取りや買い物にいそしもうではないか。

首都での日々はあっさりと過ぎ去り、オレは水洗トイレと抱き合いお互い涙でびしょ濡れになりながらお別れし、再び北へ向かった。

アジスアベバの北、バハルダールの村へ向かう道は、21世紀とは思えない**太古の景色**への進入の連続であった。

とにかく人里離れること尋常ではなく、原人の時代から数百万年の歴史あるアフリカの原生林や山の中を淡々と進んで行く。そこらへんで**のび太やしずかちゃんが大長編の口**

ケを行っていても不思議ではない秘境っぷりである。たまに人間の姿も見かけるのだが、体の前面に布1枚だけぶら下げて**完全に背中も尻も見えている**子供だったり、槍を持った**巨大なアフロヘアー**の原住民だったり、もはや明らかに**車窓の景色という概念を超越していた。**

車とすれ違うのも2、3時間に1台くらいで、こんなところでヒッチハイクなど試みようものなら、**乗せてくれる車より次のハレー彗星の方が先に通り過ぎるだろう。**

見渡す限り山と谷が続き、険しい所では切り立った崖の上や山肌に僅かに整えられている車体ぎりぎりの幅の道をなぞって行く。1mでもずれようなもんなら谷底にまっ逆さま、とにかく道幅と車幅の尋常じゃないこのギリギリ具合は、**あの頃の飯島愛の尻とTバックの関係**を思い起こさせるものがある。

とはいえ、この道もおそらくエチオピア人ドライバーにとっては毎日通っているルートのはずだ。彼ら住民にとっては、こんなギリギリ走行も朝飯前に違いない。本当に朝飯前だし。

おや？　あれはなんだ??

他の乗客ががやがやと噂しながら指す前方に目をやると、50mくらい山肌を下った斜面に木々をなぎ倒して1台の軽トラックが横転していた。

……落ちてますがな‼　全然朝飯前じゃないじゃん‼

一体いつ転がっていったのか、煙も出ておらずもう転落から結構な時間が経っていることと思われるが、不思議なことになぜか軽トラの周り、その上の道路にまでなんだか鳥がたくさん集まっている。あれはなんの鳥だろう。インコかな？　スズメかな？　チュンチュン♪ちょうど鳥の集団の脇を通る時、オレはチュンチュンピーピーと小鳥たちとさえずり合うため窓を開けてみた。さあ、チュンチュン、仲間になろうよ小鳥たち。あの大空へ僕を連れて行ってよ！　悲しみのない自由な空へ翼はためかせって**あれっ？　スズメじゃないよ？　あれれっ⁉**

……何十羽と集まり殺気を放っているその鳥は全て、**体長１ｍはある、死肉を喰らうことで有名なハゲワシであった。**

…………。

ぞをををを～～～～～～～～～～～～～～っ（悪寒）

な、なんという恐ろしい光景なんだ……。あ、あんたらもしかして……もしかして下に転がってるトラックの運転手……

食ったね？
食ったんだね⁇　食ってしまったんだね⁇⁇

猟奇殺人やっ‼　FBI心理捜査官の出番やっ‼

オレの全身には一瞬にして鳥肌が立った。なんという生々しい光景なんだ。ここでは人間すら食物連鎖の環に組み込まれているではないか。幸いにしてハゲワシには**鳥肌が立った****おかげで仲間だと思われ**襲われることはないだろうが、ここから落ちたらオレたちもご多分に漏れずハゲワシに食われるということだ。

いやだ。そんなのいやだ……。髪の毛をわけてあげるから許してくれませんか⁉　**オレの髪の毛でかつら作っていいから‼　ハゲワシくん！　オレは食わないでっ‼**

チュンチュン♪

この国では遺体の引き上げ作業とかそういうのは**ないんだろうか。**むしろ**ハゲワシに任せているのだろうか。**経費削減にも程がある。

その時の写真ではないが……

こんなのが意気揚々と何十羽も集まっているのでした。1体でスズメ100羽分くらいの大きさでしようか。チュンチュン（号泣）。

バハルダールの村はタナ湖というエチオピア最大の湖のすぐ南に位置し、この村からはそのタナ湖から流れ出る青ナイル滝という美しい滝を見に行くことができるそうだ。

オレは到着後バスターミナル近くに宿を取ると、すぐに青ナイル行きのバスを見つけ、観光に出かけることにした。

村から青ナイル滝がある山の麓まではバスで小1時間と、そう遠くない距離であった。ただ1つ問題は、終点から滝まで予測のつかない距離の山道を歩かなければならないということだ。

なにしろオレの貧弱さは、**桶狭間《おけはざま》で討ち取られた頃の今川義元なみ**である。どちらかというと歩くより**駕籠《かご》で移動**する方が似合っているのだ。それに、歩きすぎて骨折でもしようものなら今後の旅に重大な支障が出る。ここは慎重に行かねばならない。

だがバスに乗っていた何人かのエチオピア人も青ナイルの観光に来たようで、**希望してないのに**なぜかオレもグループに入れられ、一緒に行動する羽目になった。うーむ。これはかなり**嫌な予感がする**。みんなちゃんと**オレのペースを守ってくれるだろうか？**

山に入ってから、道は全て上り坂である。最初は、団欒《だんらん》があった。同じ場所を目指す観光客同士の団欒である。しかしほんの10分ほどが経過すると、ペースメーカーのオレが**真っ先に遅れ始めた**。くそ。なんでみんなスタスタ行ってしまうんだ。普通ペースメーカーが遅れたら他の選手も合わせて遅くなるもんだろうが！……もしかして僕は、ペースメーカーでは**なかったのですか？**

それにしてもこの暑さ、登り勾配のきつさ、さらに海抜2000mという環境による空気の薄さ。**強制的高地トレーニング**である。汗は噴き出し息は切れ心臓は苦しい。じゃあ僕、**もうあなたたちにはついて行けませんから**。

どうせオレには孤独がお似合いなんだ。それに単独行動なら、いつでもマイペースを保てる。行くなら行ってくれ。ああせいせいした。

「おーい！　ジャパニーズ！　なにやってんだ！」

「疲れたの？　まだ始まったばかりじゃない、頑張りましょうよ！」

…………。

少しペースを落としながらオレを励ますんじゃない！　先に行けよっ‼　オレのことは無視してくれ！

「さあさあ、頑張って！」

「は、はい。頑張ってみます……」

心優しいエチオピア女性が、グループから離脱しかけたオレを復帰させようと、しばしば優しく話しかけながら同行してくれる。さらにありがたいことに、**前を行く他の人々に声をかけて待ってもらっている。**

……あの、親切はわかりますが**別にそういう必要ないのですが。1人でゆっくり行かせてもらえませんか？**

グループに再び加入すると、やはりオリンピックのエチオピア国内予選のようなハイペースで石と土のでこぼこの山道を全員が登り始め、すぐに心臓爆発寸前、そしてなるべく気づかれないように**はぐれてみる**オレを母性愛溢れるおねえさんは発見し、励ましては他のメンバーに呼びかけて待ってもらっている。

おねえさん、ありがとう。でもあなたのやってくれていることは、**優しさの名を借り**

た拷問なのですが（号泣）。30分、1時間と経つにつれもう意識朦朧、息を吐く時は「ハーハー！　ハーハー！」と**試合中の藤波辰爾のように**声が自然に出てしまう。ダメだ、もう死ぬ〜。ひとりで、ひとりで行かせてくれ〜〜〜っ。

するとドラゴンの呼吸法でストロングスタイルにへばっていたオレを見かねた別のおっさんが、近寄ってきてオレに説教を始めた。

「おいおまえ！　なんだその軟弱ぶりは!!　周りを見てみろ、女や子供だって平気な顔して歩いているだろうが!!」

……ほ、ほんとだ。たしかに周りの人々は、これだけ歩いているのに女性も子供もみんな余裕の表情をしている。

くそ〜。オレも負けてられないぜ！　こうなったら日本人の根性、大和魂を見せてやる！**って長距離メダリストを輩出しまくってるエチオピア人と文化人のオレを一緒にするんじゃねーよっ！**　そりゃ常に高地で歩き回ってるあんたらには日常の延長だろうが、**こちとら佐鳴湖《さなるこ》の外周を走った高校時代のマラソン大会のごとしなんだよ!!　年1回のイベントなんだよ!!**

だいたい初対面なのに説教とはなんだ！　そんなことしたって効果なんてないぞ！　**オレは褒めて伸びる子なんだよっ!!**

説教に反抗しつつ周りを見てみると、山に住むガキなどはオレたちに売りつけようとビン入りのジュースを何本も抱えて一緒にホイホイと登って来ている。きっとこいつは**日本の陸上コーチ陣が喉から手が出るほど欲しがる逸材**であろう。

ここで一応、あるのかないのかわからない、**2000円札程度の存在感のオレのプライド**のために言っておくが、これだけへばっているのはあくまで現地人について行ったからである。自分のペースで進めさえすれば、こんな標高へなちょこmの山ごときは**エクソシスト風ブリッジ歩きでも余裕で登れる**のである。その証拠に、自分のペースで進んでいない今はこんなに疲れているじゃないか。

そんなこんなで、幾度となく強制復帰させられ

ながらアップダウンの山道を行き、もはや疲れだけでなく**下痢**になってきたところでやっとオレたちは青ナイル滝へ辿り着いた。

ほう。なかなかの景色ではあるが……。まあこの**冒険野郎**から見れば、この程度の滝はそう驚くものではないのだよ。**もちろんこの程度の登山もな。**へばっているように見えるのはただの**演出**だ。

こんな冷めた大人になってしまった自分が寂しくもあるが、ほんの2カ月前にこれとは桁違いのスケールの、ビクトリアの滝を見てしまっているので（その話書いてないけど）、驚きは少ない。『ザ・ベストテン』に小泉今日子が出た時、歌の前に久米宏が「今日は歌の間にちょっとしたビックリもあるんですよね！」と言っていたのでチャンネルを替えずに期待して見ていたら、間奏になるとキョンキョンが**オカリナを吹き始めた**時くらいの**微々たる驚き**であった。

この日、わざわざオレのことを待ってくれ、励ましながら一緒に行動してくれたエチオピア人女性を最初こそ疎ましく思ってしまったのだが、後でわかったことによると、なんとオレたちが山道を通過した直後に落石があり、実は彼女たちが急かしてくれたおかげで間一髪のところでオレの命が救われていたという、まあそういう小説みたいなうまい話は**なかなかないですねえ。**

しかし孤独に潰されそうな1人旅のオレにとって、本当は彼女たちの好意は……嬉しかったんです。こんな顔してますけど。あの……ありがとうございました。

……か、勘違いしないでよね! べ、べつにエチオピアを認めたわけじゃないんだからねっ!

翌日オレはまた朝5時発のバスに乗り、国境すぐ近くの町であるゴンダールへ移動した。

それにしても、この人類史上最低血圧を誇るオレが毎日毎日ちゃんと5時前に起床しているなんて、**クララが立った次の日に東京マラソンを完走するくらいの奇跡である。**

それもひとえに、一刻も早くエチオピアから脱出したいがため。たまに今回のようなツンデレな出会いもあるとはいえ、やはりオレは電気とトイレと食べ物が満足にある生活をしたい。オレだけではない。エチオピアから脱出するためならば、**たとえ三年寝太郎でも毎朝5時にきっちり起きて、バスの席を確保することであろう。**

その脱出の日は、もう間近である。

眠れない夜を抱いて

大好きなエチオピアの子供たちと一緒に。

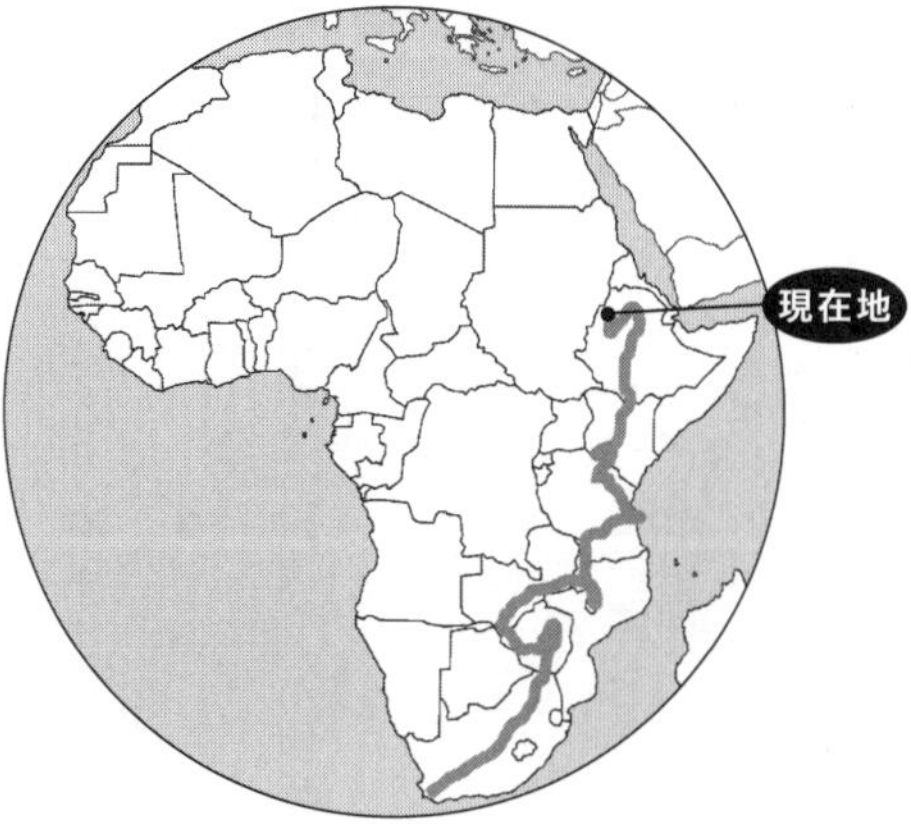

「ユーユー！　ユーユー！」

夕食後、オレはエチオピア最後の夜を堪能するように、ゴンダールの宿までの道を気分晴れやかに歩いていた。

明日……。明日、ついにオレはエチオピアの呪縛から解き放たれ、エチオピアからの卒業の日を迎えることができるのだ。こんなに涙なく心から笑って迎えられる卒業が他にあろうか？　たとえ卒業式でエチオピアの恩師に「辛い時にはいつでも戻ってらっしゃい」と優しい声をかけられても、**エチオピアに戻るくらいなら辛いままでいい。**

フンフンと気分良く薄暗い田舎道（だがしかしゴンダールのメインストリート）を行くと、後方からはいつものように5人ばかしのチビが、やいやいユーユーとはやしたてながらついて来る。

「ユーユー！　ユーユー！」

このユーユーも今日で聞き納めか……。腹を立てたことも、家を放火してやりたくなったこともあったけど、最後だと思うとなんだか急にガキ、いやエチオピアの無邪気な子供たちがいとおしく思えてくる。

考えてみれば、ユーユーという言葉こそは失礼なものかもしれないが、親しみを込めて呼びかけてくる彼らに罪はないじゃないか。むしろ、そんな些細なことで怒りを覚えていた自分の方が恥ずかしくなってくる。

「ユーユー！　ファックユー!!」

……ファック??

(笑)

「この低能クソボケ最悪ガキどもがナメてんじゃねーぞおい覚悟できてるだろうなオラあぁっっ!!」

「ギャ、ぎゃヒ――――――ッ！」

オレは振り向きざま**全速力でガキに向かって突進した**。入国以来、毎日のように外国人というだけでおちょくられてきたのである。この国に入ってから常に沸点にほど近い状態にあるオレの怒りを爆発させるには、そのひと言で十分だ。明日で最後だからと笑って許せるほどオレは大人ではない。むしろここでガキを**八つ裂きにして**身も心もスッキリして出国するべきだ。**それがエチオピアに対するオレ流の感謝の表現。**

当然クソガキどもは恐れおののいて、線香花火のように四方八方に飛び散って逃亡し出す。だが、この時のオレは準備ができていた。今までガキにバカにされるたびに、頭の中でクソガキ捕獲シミュレーションを繰り広げ、「1．走り出しは突然に。ニコニコとして相手を油断させ、いきなりダッシュすべし　2．狙いをつけるのは1人に。捕獲する時は何人も追いかけようとするのではなく、1人に狙いを定めるべし」と、**追跡時の2項目の訓示**なども自ら作成して毎晩復唱を欠かさなかったほどである。それもこれも、全て今この時のために！

「ギャーーッ！　ギャーーーッ！」

ガキはそれこそ**鬼夜叉**《おにやしゃ》にでも追いかけられているかのように必死で逃げている。だが、オレは訓示通り自分に近い1匹のガキに狙いを定めた。**2ガキ追うものは1ガキをも得ず。**他のやつは放っておいて1人に全神経を集中だ。……殺す。**てめえは殺す。**

その幼き逃亡者はしばらく道沿いに逃げていた。しかしこの、**400m走で高校総体に出場したことがある（実話）元高校生アスリート**と同じクラスだったオレから逃げ切るのは不可能であるとガキ頭脳で察したのだろう、そいつは突然進路を変え、あろうことか閉店済みの近くの商店の店先に逃げ込んでしまった。

あーあ……。

くそ……せっかく追い詰めたと思ったのに……。悔しい。あまりにも悔しすぎる。こんな展開が許されていいのか？　ここまで迫っておいてなんということだ……。

…………。

袋の鼠とはこのことよ。

オレはもちろん躊躇せずに店の軒先をくぐった。

「クソガキャ――ッ!!　ワレここに逃げ込んだのはわかってるんじゃっ！　出て来いオラァッ!!」

「ヒギャー！」

店内には残念ながら隠れるところはなく、逃亡ガキはすぐに発見できた。なんとかこの場を脱出しようとする小坊主だったが、頼みの他の大人も興味津々にこちらに**注目しているだけ**であった。

ぬあ〜っはっは！　もはやおまえの味方はここにはおらぬのだ！

「ぬううう〜〜〜ん！」

オレは巨大な腕をゴゴゴ……という効果音つきでガキの方へ伸ばし、遂に１匹のバカの捕獲に成功した。

「おめ〜よ〜〜〜〜。**よくも汚い言葉でオレを罵ってくれたなオイ!!　入国以来今まで2週間さんざんナメた態度取りやがってこのガキがっ！　2週間分の苦しみをまとめて返してやるあオラっっ!!」**

「ヒ〜〜〜〜っ!!」

「あーコラ？　撲殺と爆殺と絞殺、好きなの選べやっ!!」

ふと見ると、ガキはこちらの予想以上に小さくなって恐怖におののいている。そんな怖がることないだろうに……**せっかく親切にも死に方を選ばせてやっているんだから。**

「おい、ファックユーっつったな。言ったのこの口か？　この口かおい？　悪い口だなあ。そんな悪い口は、**冬になったら唇のひび割れを真横に引き裂いて血みどろにして一生悪いこと言えないようにしなきゃなあ!!」**

「あぎょ〜〜〜っ！　ボ、ボクじゃないよー!!　ボクが言ったんじゃないよ！　ほらあいつ！　あいつが言ったんだよー（号泣）!!」

「なんだと〜？　**どいつだ！**」

「ぎゃー!!」

気の毒なクソガキは、「どいつだ？」とオレがちょっと手を動かしただけで、殴られると思ってひいっ！　と身を縮める怯えよう。

おまえ……かっこ悪いじゃねーか。ワルぶって外国人をからかってるくせに、いざ捕まったら「殺せるもんなら殺してみろ！　**クソガキ死すとも自由は死せず!!**」と開き直るわけでもなく、奥歯に隠してある毒薬のカプセルを飲んで自害するわけでもなく、ただただ怖さにひきつるのみ。

なんともワルとして一本筋が通っていない奴らである。これならまだオレがガキの頃の方が悪かった。なにしろ、オレは「ゲームは1日1時間」という高橋名人の注意を1度たりとも守ったことのない、大人に反抗する**筋金入りの不良**だったのだ。

まあそれはいいとして、捕獲したチビ以外の他の獲物どもは、この後起こるであろう殺人劇を予感してか、オレたちのことを遠巻きにして**楽しそうに**見守っている。おまえら、仲間なら助けに来いよ！　そしてともどもオレに捕まって**一緒に死ね!!**

「オイコラっ！」

「ひ、ひいぃい――――！」

かくいうオレもさすがに鬼ではない。ここでガキを絞殺するのは簡単だが、まあ昔と違って**体罰体罰うるさい時代になったし**、何よりも、今後あるはずの輝く未来を奪ってはならないのだ。ここで殺人罪で逮捕されたらオレは帰国も叶わず、エチオピアの刑務所で冥界のトイレを使用しながら残りの人生を過ごすことになってしまうではないか。そんなことになってはいけない。本来もっと栄光に満ちるであろうはずの、**オレの光り輝く未来**を奪ってはならないのだ。**ガキの未来についてはどうでもいいがな。**

「おまえよお、紳士で有名なオレだから今回だけは許してやるけどなあ、**今度捕まえた時は腕の5本や6本じゃすまねえと思えよ！**」

「あひ～っ！　そんなに腕はないよおっ！　ご、ごめんなさい！」

「じゃあ行け！　そしてこの恐怖体験を仲間に伝えろ！　生々しく！　そして二度と外国人をバカにすんじゃねー！　とっとと行け!!」

「ヒャ～～～！　でっ、でもここがぼくのウチなんだよお！」

「あ、そう。**じゃあオレが出て行く！**」

　オレは世間の評判通り、紳士的に、決して暴力を振るうことなくガキを放免してやった。きっと彼はこの心優しい外国人に触れ合ったせいで、今後二度とあのような暴言を吐くことはなくなるであろう。

　これからエチオピアを旅する人に言っておくが、ガキには今回このようにキッチリ忠告しておいたので、もし今度この忠告を無視してエチオピアのガキが汚い言葉を吐いた場合は、遠慮なくしばいてほしい。それで警察沙汰になったり揉め事になったりしたら、その時はその時だ。**頑張って解決してください**。

　ふう……。そうそう、さっきはつい熱くなってオレが昔不良だったことを明かしてしまったが、もしかしたら世の親御さんたちは、そんなワルだったオレが今ではこんなに立派なニートト、そして旅行者になっていることを意外に思われるかもしれない。

　しかし子供の頃に不良だったから立派な人間になれないというのは、それは激しい勘違いだ。タラちゃんの本名は**多羅尾伴内**だと思い込んでいるくらい激しい勘違いだ。

　今の時代、これは決しておかしなことではない。ヤンキーから先生になった人もいれば、極道の妻から弁護士になった人もいる。大切なのは、決して諦めない強い心なのである。

みんな、諦めるな！　人間どんなどん底からでも、努力さえすれば這い上がれるもんなんや！　**たとえ偏差値37からでも、一生懸命頑張れば立派なアフリカ旅行者になれるんや!!**

尚、簡単に補足しておくと、ヤンキー先生などと違って、ヤンキー旅行者は特に努力せず**偏差値37のままでもなれる**という特徴がある。だから本当に簡単になれるが、仕事もせずアフリカを放浪しているということで別に**誰からも改心したと認められない**ので注意が必要だ（涙）。

さて、クソガキの挑戦を下し宿に華々しく凱旋したチャンピオンのオレがトイレに行くと、本日のトイレは和式風水洗だが前の人間の大が流れておらず、しかも白塗りの壁になぜか**人プンらしきものが擦り付けられていた。**……もういやだ!!　もう寝る！　寝て起きてさっさとこんな国から出てやる!!　ふんっ！　人プン！

じゃあおやすみ！　スヤスヤ……

…………。ポリポリ。なんか痒いなあ。

ポリポ

うが〜〜〜〜〜っ！

かゆい！　かゆい〜〜〜〜〜〜っ‼

ボリボ

ごわ〜〜〜〜〜〜っ！

リボリ

ぬお〜〜〜〜〜〜っ‼

こ、これだ。かねてから噂に聞いていたが、もはや油断しきって忘れていた。エチオピアのベッドに棲息するという彼らのことを。

ダニくん！　ノミくん！　南京くん!!　君たちがいたんだ！　君たちが一緒だったんだ!!

これならダブルベッドに1人でも寂しくないねって**殺す!!　エチオピア殺す!!!　うげ〜〜〜かゆい〜〜〜なんとかしてくれ〜〜〜〜〜〜（号泣）　ギギギギ**

しかし殺すと青ひげのように残虐にわめいてみたものの、蚊なら姿が見える、キンチヨール攻撃もできる、だがダニノミ南京、ここではボス格と思われる南京の名前を借りて**南京トリオと呼びましょう（語呂もいいし）**、こいつらは対処方法が全く不明なのだ。何が弱点で、どうやったら殺せるのかわからない。**エイリアンを発見したシガニー・ウィーバーと同じ気持ちである。**

まさかベッドにキンチヨールを噴射しまくるわけにもいかず、立って寝るのにも失敗し、とにかくひたすら全身をかきむしりながら睡眠にトライする。しかし噂は噂を呼び**痒さは痒さを呼び**、いったんかき出すと痒さの野郎はオレに反抗してもっと痒くなるのだ。

ボリボリとかけばかくほど痒くなり、腫れあがっている小山は激しくかかれることにより先が削れ、血、もしくは透明な謎の液体が噴出する。もはや両手両足には何十カ所という刺し傷が。手足はいいけど、**顔はやめてっ！　大事な商売道具なんだからっっ!!**

左腕だけでダニノミの野郎に犯された部分は20カ所もある。……酷い。酷すぎる。許せねえ……**こんな年端もいかぬ子供を……**。

しかし、ダニノミといった鬼畜はオレに地獄だけを味わわせたわけではない。ある意味天国といえるのが、この手足をかきむしっている時に感じる**エクスタシー**である。

かけばかくほど痒くなる手足をかきまくり、さらにもっと痒くなったところでかきむしり、もっともっと痒くなった太ももを、二の腕を、パンツの中を、爪を立てて全力でボリボリと**かき砕く**。皮が破れ肌がボロボロになるのを感じながら、それでもひたすら恍惚《こうこつ》を感じながらかき続けるのだ。**はあああぁっ。き、気持ちいいっ……**い、いく〜〜〜〜っ！　ドピュッ（虫刺されの痕から膿が出た音）！

たとえ肌がどれだけ傷もうとも、このエクスタシーを捨てるわけにはいかない。ダメージを受けた肌には30代になったら**ドモホルンリンクル**を使用して、強さとしなやかさをキープすればよいのだ。

それにしても、本当に寝られん。右足が収まったと思ったら今度は左足が、左足の次は右腕が。右腕をかきむしっていると今度は左腕が。そして左腕をかいている頃にはもう右足が再びかゆくなり始めているのである。そして右足の次は左足、右腕、左腕、よし次はまた最初に戻って右足だな？　とパターンを予測して余裕をかましているといきなり**フェイント**

でゴキブリが出たりするため、決して気を緩められないのである。もしもネットカフェ難民の人たちに「このベッドで寝てもいいですよ」とエチオピアのベッドを提供しても、きっとその申し出は全員が**固辞する**であろう。

かきまくってかきむしってそのまま午前4時になり、起きる時間となった。起きる時間といっても、そもそも寝ていない。かいていただけだ。寝ないでかいていたという点では売れっ子作家なみの忙しさであるが、オレの場合、かいた結果生まれる物は原稿ではなく**よくわからん汁**である。血も混じっている。そもそも売れっ子作家なんて、**なれるわけねーだろうがっ!!**

それにしても腹が立つ。本当は南京トリオが住んでいるのに、部屋はそこそこ広くベッドも豪華な感じで、一見他のアフリカ諸国の宿よりも高級に見える。これははっきりいって**安宿の粉飾決算**だ。ぜひ東京地検特捜部にこの宿の強制捜査を行ってもらいたい。

昨日から我慢しているオシッコに行こうと思ったのだが、ここのトイレは壁に他人のフンがついているという、**フン飾決算**のあるトイレである。今日で最後のエチオピアとはいえ、「最後だからウンコがつくくらいま、いっか!」とは**断じてならない**。あんなフンまみれのトイレには、たとえドラゴンボールを今6個持っていて、**最後の1個があのトイレの中にあるとわかっていても入りたくない**。ましてやドラゴンボールがないとわかっている今、**そこに入る理由などない**（オシッコしたいんだけど）。

しかしやはり理由はなくともオシッコはせねばならないので、どうしようかとふと部屋を見回すと、隅に洗面器が置いてあった。そう。エチオピアではトイレ代わりとして常備されているあの洗面器だ。

…………。

シャ〜〜〜〜〜〜〜〜〜〜〜〜〜〜〜〜〜〜〜〜〜〜〜〜〜〜〜〜〜〜（放尿）

うおっ！　跳ね返るっ！　しぶきがっっ‼

洗面器に向かって勢いよくジャ〜と放尿すると、最初はビチビチビチ！　と激しい効果音を発しながら**はじけてまざり**、細かいしぶきは洗面器から飛び出し四方八方へ飛び散る。汚いが、この洗面器はオシッコを入れるために存在しているのである。オシッコが入ってなんぼなのだ。ならば入れてやろうではないか。**そのオシッコとやらを。**

そして、洗面器になみなみと注がれたオシッコ、そこから漂うローズマリーの香りに身を寄せながら荷造りをする。別に悪いことをしているわけではないのだが、部屋にマイオシッコの入った洗面器を残しているためなんとなく逃げるようにチェックアウト。

スーダンとの国境まではバスの乗り換えをまたぎ8時間ほどだった。出国のスタンプを押してもらうためのイミグレーションは、**藁でできた小屋**であった。エチオピア……**おまえ、本当に国か？** 国じゃなくて、**ただの巨大な集落**じゃなかったのか本当は??

長かったぞ……。この2週間毎日朝5時から夜寝るまで、いや、**1日24時間すべて苦行であった**。これほどまでに、**非の打ち所がないほど完璧に辛い国**が他にあっただろうか？

あのトイレ。あのベッド。あの食事。あの移動。ある意味これらは、エチオピアを出てからのなんでもない日常がどんなに幸せなものかということを気づかせてくれる、**幸せ配達人**だったのかもしれない。

この日のオレの日記には、「さらばエチオピア。**もう死んでも二度とこねー。**」と、心の叫びが書き殴られていた。

もう死んでも二度とこねー。

↑エチオピア最終日の日記

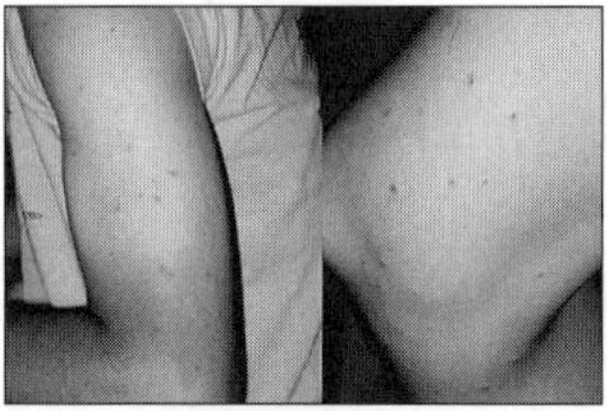

暴発

スベスベのお肌も、エチオピアのベッドで寝るとたった一晩でもれなくこのようになります（涙）。

国境を越える時の喜びは、間違いなくこの旅史上最高であった。

つい2分40秒前までオレはエチオピアにいたのだが、すでにエチオピアにいた頃の自分など**想像できなくなっている。**エチオピアにいた頃の自分の姿なんて、思い出すだけでおぞましくて身震いするぜ！　試しにちょっと思い出してみよう。**……あーおぞましいっ（身震い）っ!!**

だいたい最後のイミグレーションなんか、国の玄関口だというのに**藁小屋（電気系統なし）**だぜ？　日本のイミグレなんて、**奈良時代の時点ですでに木造**だったはずなのに（個人的な予想）。

もしも日本の奈良時代のイミグレがエチオピアと同じ藁小屋だったら、5回の失敗を乗り越え失明してまで命からがら日本へ辿り着いた鑑真《がんじん》も、弟子に「お師さま！　日本に、日本に到着しました!!　おお、あれに見えるイミグレは……藁でできておりまする」と聞いた瞬間**怒り狂って唐へ帰って行ったはずだ。**完全に**失明し損**である。

というわけでたった今オレはスーダンに入国したわけだが、一般的にスーダンと言われてまず最初に思い浮かぶものは、**何もない。**

社会科地図帳を見てみても、おそらく2冊に1冊はその存在感の薄さからスーダンは**うっかり地図から漏れている**のではないだろうか。その上、地図帳を買った側もそのことには**誰も気づかないだろう。**たまに知識のある読者が抗議の手紙を出しても、出版社からは**「別にそのくらいいいでしょう」**という**逆ギレの返事**が返ってきそうだ。おそらく地図帳内でのスーダンの存在の重要度は、上野動物園の動物でいったらパンダでもニホンザルでもなく**通路にいるハト程度**であろう。

だがそんなスーダンであっても、オレのようなアフリカ北上中の徘徊王子にとってはその重要さは計り知れないのだ。なぜなら、スーダンの次はもう**エジプト**なのである。エジプトといったら、**丸の内のOLや麻布十番《あざぶじゅうばん》の主婦でも観光旅行に来る国**ではないか。つまり、遂に次の国でオレは辛いアフリカの旅から抜け出し、**OLや人妻と合流**できるということである。

ただ、エジプトまで行かずともその文明の空気は、ここスーダンでも十分感じられた。入国してすぐの露店でジュースを買ったところ、**ペットボトルに入った冷え冷えの炭酸飲料に感動で泣いた。**うう……昨日まではぬるい水に浸けて冷やしただけの（それで冷やしたと言えようか）瓶入りコーラしかなかったのに……。

感涙で涙《なだ》そうそうとなってジュースをおかわりしていると、スーダン人子供がすれ違いざまに声をかけてきた。

「ハロー！」

……ハ、ハローって。子供がハローって（泣）。

素敵だ。見ず知らずの外国人を見て、素直にハローと言えるなんて。ハロー！　ハロー！　叫ぶ奴は、佐々木健介にストラングルホールドをかけて締め落としてもらうべきなんだ！　藤岡弘の**手裏剣の的**にしてもいいよ!!

地球のあいさつ、ハロー！　挨拶は、ユーユーではなくてハローなんだ！　ユーユーと

それにしても、国境1本でよくもまあここまで変わるものだ。このあまりにも明確な違い、仮にエチオピアのガキがボクシングの亀田兄弟だとしたら、スーダンの子供は浅田舞、真央姉妹である。あ、**別にどっちが良いとか悪いとかいってるわけじゃないんだけどね**。でもほんの200mしか離れていないというのに、片方は憎たらしくて片方は抱きしめたくなるくらい可愛いなんて。**別にどっちが良いとか悪いとかいってるわけじゃないんだけどね**。

そもそも子供がハローと言うことなど別に一般社会では標準的なものなのだが、なんといっても隣がエチオピア、相手が相手だけに、必要以上に素敵に見えてしまう。黒の隣に白を置くとより白がはっきりと目立つのと同じ理論だ。

まず国境からは軽トラックの荷台に乗りゲダレフという町へ移動、1泊してすぐにバスで

首都ハルツームを目指す。スーダンのバスは、1台分の料金でエチオピアのバスが5台くらい買えそうな、**一般的に「バス」といってイメージするような**ちゃんとしたバスであった。布が……座席に布が貼られている!!　すごい！　**布LOVE!!**

町から町へは、アジスアベバ以来**実に10日ぶりに見る舗装道路**を走って行く。やっぱり舗装だよ。あんた、地面は舗装するもんだよ。**舗装してなんぼだよ！**

ちなみに窓の外を流れる景色からは木が消え草が消え、一面黄色の砂の中に、レンガの四角い住居がポツンポツンと建っている状態である。さあいよいよ砂漠地帯、アラブの世界に近づいたようです。どこからか石油の香りも漂ってきましたよ。**一夫多妻制を容認する雰囲気も出てまいりました。**

なんともうれしいではないか。一夫多妻制の下でなら、日本では民法上不可能だった、何人ものアイドルと同時に結婚するというオレの長年の夢が合法になるのだ！　なんと素晴らしいことなんだ！　現実味があるかどうかの問題ではない。たとえ想像の中でも、**違法だとわかりながらいかがわしい妄想をするのはなんか後ろめたい気がするものなのだ。**どうだ。なかなか変態の道も奥深いだろう。

そんなこんなで、砂漠を走りながら7時間ほどエロかわいい妄想を続けていたところ、いきなり砂漠の砂の中から街がゴゴゴゴとせり上がってきた。スーダンの首都、ハルツームである。

うおうっ！　さ、さささサンドイッチを売ってる!!　パンにおにくが、おにくが挟まっている!!　くれっ!!　サンドイッチをくれっ!!　もしゃもしゃもしゃもしゃ**……はあああぁ〜(涙)**。うまい（号泣）。こんな、こんなおいしい物を考えてくださったなんて、**それでこそ伯爵ですサンドイッチ伯爵。**

ハルツームの商店街に足を踏み入れた途端、オレは我を忘れて露店のサンドイッチにむしゃぶりついた。なにしろエチオピアの主食インジェラはこの世の物とは思えないような**謎の酸っぱい物質**だったためひたすら断食の毎日、今や体重は激減し体はペラペラになっているのだ。もはや、**今のオレの体より京極夏彦の単行本の方が厚みがあるくらいだ。**よって、ごく普通のビーフサンドも、今のオレにはフレンチの鉄人坂井の渾身《こんしん》の作品をも超える**究極の一品**に感じられるのである。

さて、このまま10年も20年もサンドイッチを食いながらハルツームにいたいのは山々であるが、エジプトで人妻と合体合流という使命のあるオレは、もう次の移動を考えねばならない。そこで情報収集をすると、書くのも恐ろしい事実が判明した。次の町、エジプトとの国境の町であるワディハルファという町へは電車でしか行くことができないのだが、その電車は**1週間に1本**しかないということなのだ。

そ、そんなバカな。

1週間に1本ってあんた、**通勤電車に使えないにも程がある。寝坊して1本遅いのに乗ろうと思ったら1週間後かよ!**

認めん。1週間に1本なんてオレは認めん。そして**ベッキーをアイドルとは認めん。**

ジュラ紀ならまだしも、今時首都発の電車が1週間に1本とは何を考えているのだろうか? これでは人を殺して逃げようとしてもとても時刻表トリックは使えない。**西村京太郎泣かせの国である。**

しかもそれだけではない。その週1本の電車で、国境の町まで**2泊3日**かかるというのだ。おいおいおい。そういうのイヤなんだって。**オレ、ベッドの上でないと寝られないんだって!** なあ、今回だけでいいから1日で着いてくれないか? **その分来週の電車は4泊5日とかにしていいから!** くそ〜、とことん気が滅入ってくるな……。

さて、その夜オレが安宿の部屋で日本から持参した井上和香のグラビア写真を見ながら1人仕事に精を出していると、突然ドアがガガンとノックされた。しかも「こんにちは〜」と日本人女性の声がするではないか! オレは慌ててズボンを穿き、まあ脱いだままでもよかったかもしれないが、しかし一応紳士としてパンツは穿かずともズボンだけはきっちり穿き、応対に出た。すると、そこにはうら若き2人の日本人女子が艶やかにオレを見つめていたのである！

「あら～、お取り込み中だったかしら？」

「いえいえそんなことないです。たしかに**テントこそ張っていますが、僕は一切何もしていませんでした。**あなたたちは一体？」

「私たちは、これこれこういうことなのよ」

これこれ言っている事情を下心を隠しつつ親身になって聞いてみると、なんでもこの2人組はオレと同じくこれからエジプトに向かう途中で、長時間の電車が心細いため一緒に北上する仲間を探している美女であるとのことだった。ふむふむなるほど。**それでこの旅のつわものを頼って訪ねてきたわけだね？**

よし。力になろうではないか。普段後輩からは**獄門鬼**と恐れられる、他人にはめっぽう厳しい（自分に対しては常に天使・エンジェルである）このオレだが、若い美女のためならポリシーを捨てて道連れになろうじゃないか。存分にオレに頼ってくれ。どうせこんな砂漠の中で**他に**することもないんだし、あんなことやこんなことをして楽しもうではないですかぁ……（妄想発動）。

……ん？　おおっと、なんか向こうからまた日本人らしき男が1人来たけど無視するぞ！

キミら、ああいう危ない男に決して関わりあっちゃダメだぞ！　くそ〜、男はいらん。頼む、こっちに来るな！　オレたちに気づくな！　そこの男、黙って立ち去ってくれ！

…………。

「あ、日本人じゃないっすか。こんにちは〜」

テメー挨拶してくるんじゃねーよ‼　今オレが1人で美女に囲まれて悦に入ってるのわかるだろうが！　察しろよ‼

「あら、こんにちは〜。あなたも日本人？　私たちこれからエジプトに行くんだけど、あなたは？」

こらっ‼　そんなこと聞くなって！　この男がどこに行こうと関係ないじゃん！　オレたちだけで旅するんでしょ！　**今決めたじゃん‼　余計な奴はいらないじゃん‼**

「同じっす。僕もここから電車でエジプトまで行くつもりっす」

こらっ!!!　バカっ!!!!

「本当？　じゃあ**みんなで一緒に**行きましょうよ！」

…………。

ばかやろー

一緒に。オレの**嫌いな言葉**、「一緒に」。こっちはデートのつもりで誘ったのに、「みんなで一緒に」とあっさりかわされるこの絶望感。一体オレは何度この絶望感に殺されてきただろう。みんなで一緒にだったら、**行く意味なんかないんじゃ――っ!!**

……おおっと! いかん。オレとしたことがついダメなやつみたいなことを考えてしまった。**本当はダメなやつじゃないのに**。やはりできた人間というのは、こういう時も嫌がらずにみんなと仲良くするものだ。だからオレもそのように**頑張ってみよう**。

新しく登場した日本人の男は、まあオレに言わせれば非常に頼りなさそうな奴だ。まだあどけなさすら感じられる、いかにも「これが初めての旅なんです♪」といった幼い風貌。名前は田上くんと書いてタガミくんと読むらしいが、かわいそうだがタガミくん、あんたオレの敵ではないな。

まあ最初こそ取り乱してしまったが、そもそもオレは**旅のベテラン**。南アフリカからスーダンまでバスや電車で旅ができる人間なんて、**オレくらいなもんだぜ?** しかも、大きな病気にこそかかっていないが、熱出したり腹壊したりしながら、それでもここまで1人で辿り着いてるわけだよ。あの地獄のエチオピアに2週間もいた男だぜ？　**他のどの男がこんなドラマチックでスリル溢れる冒険ができるんだよ！　わかったかオラ!!!!!**

ところで、オレも夕ガミくんもそれぞれツインルームに1人で泊まっていたため、ここは旅の大ベテランであるオレの効率的な提案によって、ルームシェアをすることになった。なぜか大ベテランのオレが荷物をまとめて彼の部屋に移ると、旅の初心者夕ガミくんはなにやらボロい自転車を部屋の中に持ち込んでいじっている。

「ねえ、あんたなにそんな自転車なんて部屋に持ち込んじゃって。生意気だね。ハルツームで買ったの？」

「いや、違いますよ。これに乗って来たんですよ。南アフリカから」

「ははっ。ひょうきんなやつだなあキミは。ひょうきんゆみかおまえは！　なんちゃって！」

「あはは」

「ははっ」

…………。

あははじゃねーよ。

「ちょっと待ちなよあんた。乗って来たって言っても。まさか乗って来られるわけないし。本当は乗って来てないんでしょ？」

「いや〜、ケープタウンから自転車で来たら、ここまで10カ月もかかっちゃいましたよ。エチオピアなんて40日もいましたからね〜」

「で、でもそんな苦労を知らないような、健康そうな顔して……」

「そうですか？　でもマラウィではマラリアにかかったし、タンザニアでは赤痢で大変でしたよ〜」

「へえ〜、そうなの〜。あはは」

「あはは」

「…………」

「…………」

「タガミくん、ちょっと首絞めさせてくれるかな？」

「な、なんですかいきなりっ！」

「絞めさせろって！　**首の1本や2本いいだろうが！　減るもんじゃないし!!**」

「ちょっと！　やめてくださいって！」

「自転車って！　自転車って!!　バス料金も出せんほど貧乏なのかおまえはっ!!!」

「そういうのじゃないです〜」

……こ、この小坊主が！　**てめぇオレよりすごいことをするんじゃねーよっ!!　おまえのせいで、2ページ前のオレの自慢話が完全に霞んでるだろうがっ!!**

自転車で来ただ？　マラリアと赤痢にかかっただ??　エチオピアに40日だあ？　**いい加減にしろよっ!!　全部オレの10倍インパクトがあるじゃねーかっ!!　1つくらいオレが勝てる部分を残しとけよ！　それがおまえの国の伝統である武士の情けってもんだろうが!!!**

……はっ！

わかったぞ！　こいつ、見かけは幼く見えるけど、実はオレよりかなり年上だな？　本当はもうとっくに30超えてるんだろう？　なんだよ……。**それだったら少しくらいすごくても当たり前だ！**　年の功があるんだから、別に自転車で旅なんてたいしたことないさ！　そうだろう！　そうだと言えよ！

「ヘイ、タガミさん！　あんたいま何歳？」

「19歳ですけど。高校出てすぐ来ちゃいました」

「オー！　そうかい！」

「大学には別にいつでも行けますからね。その前に今しかできないことをやっておきたいと思って」

「ふ～ん。**もうおまえ喋るなコラ**。ねえ、ちょっと首絞めさせてよ。ちょっと殺させて。ちょっと、ちょっとタガミっ！」

「やめてくださいよっ！　大人気ない！」

「もういいっ！　もう出かけてくる！　おまえと喋ってるとだんだんこっちの影が薄くなってくるんだよ!!」

「はーい。いってらっしゃーい」

おおおのれこの未成年が……少しくらい若いからってオレを馬鹿にしやがって……。オレだって19歳の時にはなあ、アフリカを自転車で縦断こそしなかったがなあ、その代わりなあ、
はーあ。

なんもないんだよ!!!

オレはこいつと一緒にいると自分が**スーダンと比べられたエチオピアの立場**になり
そうだったため、とりあえず悪人のタガミにはデコピンだけ食らわして逃亡し、ハルツーム

市街へ散歩に出かけた。

スーダンは砂漠の国であり、首都といえども基本的に砂ばかりだ。とにかく砂埃がすごく、屋外に1時間いると顔に砂が積もる。積もった砂を払うと、砂が落ちるというより**砂の中から顔が出てくる**といった方がふさわしい、ハムナプトラ的な状況だ。今、「さすがにそんなひどくないだろう」と疑問を持ったあなた。疑うのなら、ぜひハルツームに来て1時間街を歩いてほしい。**さすがにそんなひどくはないから**。いつもウソばかりついてごめんなさい（涙）。

それにしても、サンドイッチもさすがに食い飽きてきた昨今、1人で散歩をしてもやることなど全くない。結果、アフリカ大陸最大の面積を持つスーダンの首都ハルツームまで旅をしておきながら、結局インターネットカフェで**最近の日本の芸能ニュース**などをチェックしながら、夜まで何時間も過ごすのであった。もはやオレは国際的な引きこもり、**インターナショナルニート**である。

そろそろ日も暮れてきたので宿に帰ると（オレは今日1日何をやっていたんだろう）、宿前の屋台でサイコロステーキが売られていた。

食うぞっ（0・05秒の即決）!!

……いや～、このサイコロステーキの美味かったこと美味かったこと。砂の舞う屋外の屋台に使い回しの皿、お世辞にも清潔とは言えないが、あまりの美味さにオレは付け合わせの葉っぱまで平らげ、更に、**皿についていた肉汁とタレを全て舐めた。ペロペロと舐めた。見知らぬスーダン人が見ている前で屋台の皿を、一滴の汁も残さないように舐めた。**

さて……。

宿へ戻ると、レセプションで悪人のタガミがスーダン人となにやら楽しそうに話していた。ほほう……。わかるわかる。旅の初心者は、何かというとすぐに現地人との触れ合いみたいなものを大事にしたがるものだ。しかし壁際に隠れて覗き見していると、どうやらタガミくんは悪人のため会話についていくのに苦労しているようだ。何度も聞き直し言い直して、なんとか会話が成立しているといった状況だ。

まあ彼もまだ19歳、英語の勉強はこれから頑張ればいい。**そこは責めるべきではない。**ただここは、ベテランがちょっと助け船を出してやるのがいいだろう。よし、ではひとつNHKの『100語でスタート！英会話』で、スキットに出演する女優さん（上野あゆさん）を見たいがために毎日欠かさず録画して、スキットの部分だけをつなぎ合わせたオリジナルビデオを作製したほどの英語好きなオレが、通訳として、潤滑油の役割を果たすために加入してやることにしよう。

ということで、潤滑油の役割という言葉を**潤滑油というものが何かも知らずに**使ってしまったが、おそらく使い方としては合っているだろうから、ともかくオレは彼らの会話を円滑にしてやろうと輪に加わった。大丈夫、オレもベテランだ、あからさまな通訳はせず**ちゃんとキミを立ててやるから**、安心したまえタガミくん。

さて、早速スーダン人が話し始めたので聞いてみると、なるほど、彼の言うことは、**全くわからん。**するとタガミくんがカタコトで喋り出したので親心で心配しながら聞いてみると、ほほう、**これまた全くわからん。**しかし、何故か彼らの間では**会話が成立している。**うまく言葉のキャッチボールが行われているのである。なんだそれは？　**ヘタヘタ英語という新しいジャンルの英語か？**

「あのー、宴もたけなわですがちょっとすみませんタガミさん。キミたち（素人）はどうしてそれで会話が成り立っているのですか？」

「あっ、さくらさん。**いたんですか。**いやー、**難しいですねアラビア語は。僕まだスーダン入って2週間しか勉強してないから、ついて行くのがやっとですよ**」

「あなたアラビア語が喋れるのですか？」

「そんな、全然ですよ。ケニアとタンザニアには長くいたから、**スワヒリ語ならもっと普通に喋れてたんですけどね。**アラビア語はついこの間勉強し始めたばっかなんで、まだまだこんなもんです」

「ふーん。**ヘイタガミー！　アイウィルキルユー!!　キルユー！　ユーアークレイジー!!　今すぐDEATH!!!**」

「なんですかちょっと！　うるさいなあ。僕たち和気あいあいと話しているんですから邪魔しないでくださいよ！」

「はい、ごめんなさい……」

……（静かに退出）。

後ほどわかったところによると、彼はアラビア語スワヒリ語どころか英語もこのベテラン（オレ）より遥かに問題なくペラペラに使いこなせる、有能なマルチタレントであった。

……だから少しは年上のルームメイトを立ててろというんだよっ!!　このままじゃオレがおまえに勝ってるのは年齢だけだろうが（号泣）！　あんた勝ち組オレ負け組!!　日本政府はこの露骨な格差社会の是正に努めるべきである!!!

このガキは一体何者なのだろう？　自転車で旅をしてるところまではまだ許せるが、ここまで来るともうやりすぎである。過ぎたるは及ばざるが如しという格言の通り、これだけやりすぎると**なんかすごくなく感じる。**スワヒリ語とかアラビア語を喋るなんて、**全然すごくないね。及ばざるがごとしだね。**つまりすごすぎて及ばざるタガミは、**最初**

から及んでいないオレと同じということになるのだ。ざまーみろ！

　さて、その後オレは、美女含めの日本人旅行者による北上会議に参加することになった。その他にも同じ宿にいたカップル旅行者含め計6人、明日全員揃ってチケットを買いに行くということに。もちろん電車の座席はみんなで一緒のコンパートメント（部屋みたいなもん）だ。……ウヒョー！　楽しそう！　日本人6人で一緒に移動できるなら、長い電車の旅も全く苦にならないぜ。むしろ楽しみで仕方ない。電車め、**何時間でも走りやがれ！**


はうっっ!!


「あれ？　さくらさん、どうしたんですか？」

「…………」

「な、なんか顔色悪いですけど。何かあったんですか？」

「……なんでしょう。僕にもわかりません。でも何かが……何かがやって来るような……」

……その兆しは突然であった。「ピキーン！」という効果音すら聞こえたような気がする。会議の盛り上がりの最中にいきなり、いきなりマイ腹が圧倒的に異常な状態になったのだ。

　よくわからんが、オレの腸を尋常ではない不快感が襲っている。そして過去に体験したことのない腹痛がこの後襲ってくると、**本能が叫んでいる。**飛行機で言ったら今まさに**ジェットエンジンに点火**して「キュイ〜ン！」と離陸前の助走が始まったような状態だ。

「うごご……ごめん、ちょっと先に部屋に戻らせて……ください……」

「大丈夫ですか？　お大事に〜」

部屋に戻りベッドに倒れ込んだオレは、そのまま助走をつける腹に何ができるわけでもなく、ただ座して離陸を待つのみであった。

そして1分、2分、3分……

い？

い

いでーぞこれはっ‼

ぐぐぐっ……うぐううううっ……。

おあ〜〜〜っ‼

これはたまらん。**激痛とはこのためにある言葉か。**今まで他愛もないことで激痛とか言ってきたが、**猛省せねばならん。本物の激痛ってのはこのことだ。**

ズンズンズンズンズンズンドコと、離陸してから腹の痛みはズンズン高度を上げている。**これは痛い。ものすごい爆発力。**うげーうがががと数十分をベッドの上で苦しんでいると、時間差で下痢がやってきた。これがまた部屋から出て廊下をぐるっと回って共同トイレに行かねばならず、激痛を抱えた身ではトイレまでが**海外旅行に行くくらい遠く感じる**のだ。

下痢はまあ例によって完全に液体となってシャーッと出るやつなのだが、しかし腹痛マスター（オレ）がいつも扱っている下痢というのは、腹痛がガッときて、トイレに行ってシャーとやるとその時には一時的にせよ痛みは消えるのだ。しかし、今回はもう**消えない消えない。**出し終わった直後から（というかつまり途切れることなく）**変わらず激痛**なのだ。

ヒーコラヒーコラ言いながら部屋へ戻り、また横になるのだが、もう腹が痛くて腫れてパンパンで、**腸の中ででかいナマズが壁を食い破りながら大暴れしているような**そんな状態、そして再び下痢の気配でトイレへの長旅。和式に近いアラブ式のトイレでまたグエッと茶色い液体を出し、全く痛みが消えないまま部屋へ戻る。

旅先で下痢になる時というのはいつもこのようにトイレへの小旅行の繰り返しなのだが、今回が今までと違うのは、5回ほどトイレへ行った後、また出る気配に襲われていざ力んでみると、今度は何も出ないのだ。下痢になったら**とにかくひたすら液体が出続ける**というのが、インドで学んだ下痢のメカニズムだったはず。

おかしい。ただの下痢とは違う感じ。そもそも明らかに痛みの程度が違うが、その上、**う〜漏れるっ!!** と思っても**いざ力んでみると出ない**のである。「出すもの出せば楽になる」という、腹痛マスターとして辿り着いたひとつの真理が当てはまらない。そんなことがあっていいのか。いいや！ **出すもの出せば楽になるんだ！ まだ出し切れてないだけだ！ さあ出すぞ！ ふぬぬぬっ！ えいや〜〜〜〜〜〜〜〜〜〜〜〜っ！ そりゃ〜〜〜〜〜〜〜っ!!**

ポタ……。

うう、なんか出たかな。

あ、血だ（涙）。

毒を喰らわば皿まで舐めろ！

おまえら無職のくせに昼間からダラダラしてるんじゃねー！　ハローワークにでも行けよ!!　日陰はオレに譲れ！

いや〜。あっはっは。

血が〜〜出たで〜た〜血が〜で〜た〜あヨイヨイ♪

と楽しげに歌っている場合ではない。そして血は1文字だからなんか歌いづらい。

また、当然だが**赤飯を炊いている場合でもない**。

たしかに、**生まれて初めて尻から血が出た**のだから、一歩間違えれば今夜は「おや？　今日は赤飯か。何かめでたいことでもあったのか？」と聞く父親と、それには答えずオレの方を見て**黙って微笑む母親**が登場してもよさそうなものだが、惜しくも性別の差でそうした照れる団欒は生まれず、赤飯ではなく**のた打ち回って苦しむ**といった状況である。オレはどちらかというと**のた打ち回って苦しむよりは赤飯を食べたい**のだが、それは虚しい希望であった。

女子中学生ならば喜ぶべきことなのに、オレが男だというだけで、尻から血が出るのは**悲しいこと**になってしまっている。こんなふうに男が一方的に酷い扱いを受けていても、女性への差別ではない限り**田嶋先生や福島先生は見て見ぬフリをするだろう。**

ただ、差別うんぬんは置いといて単純に肉体的に見ても、これはちょっとまずいのではないだろうか。別に激しく出血サービスしているわけではなく、尻に気合を入れると時間を置いてポト……ポト……と何滴か落ちるくらいの、せいぜい**屋根裏に惨殺死体がある時く**

らいの微妙な血のしたたり方であるが、それでもやはり出所が惨殺死体ではなく自分の腸だというのがむごたらしい。腸的には死体に近づいているということではないか。まだまだ生きたいのに。

まあオレは血を見ると大騒ぎする習性があるため必要以上にギャーギャーと書いており、実際は数滴だけでその後出血が続くということはなかったが、しかし出たという事実は事実で、重要である。**血が！　オレの尻から血が出た!!**　しかも根本的に、**腹痛が激痛で治らない！　腹が腹痛で痛い！　激しく激痛に痛いっ!!　痛っっ!!　いた〜い〜〜〜〜〜〜〜**。

血が出た腹が痛いと騒いでいても誰も助けてくれないので、トイレから部屋に帰りベッドに横になるのだが、これがまた不思議なことに横になると3割増しで痛みが増すのだ。立っている時もドンドンと腹に響く痛みだが、横になるともう**腹痛界の三社祭**と言っても過言ではないくらいの大騒動である。

ちなみに、深夜このように呻きながら寝たり起きたり出たり入ったりしているオレに対して、ルームメイトの旅の初心者Tガミくん（仮名）は、「さくらさん、我慢できないようなら夜やってる病院探しに行きましょうか？」といかにも初心者らしいやさしい言葉をかけてくる。

うむむ……この初心者め！　**初心者の世話になんかなってたまるか！　普通逆だろ！　むしろオレが初心者の世話をする立場だというのに!!**

なのでオレは「え、い、いいよ……だいじょうぶだよ……」と弱々しく答え、しかしテポドン級の爆発力の腹痛に叫び耐えられず起き上がり、またヨタヨタと部屋を出るのだ。もちろん「だいじょうぶだよ」と答えてはいるが、このだいじょうぶは**居酒屋の店員の「よろこんで！」と同じ**で、ただの心のこもっていない**カラ元気**である（涙）。

オレは部屋を出て、真っ暗なロビーで朝まで過ごすことにした。ロビーでは宿に住み着いている2匹の猫がウロチョロと起きていた。ああ、おまえらだけが友達だ。オレと一緒に朝までここで過ごそうね。

下の写真がオレを見守る同志の猫たち。この時撮影者は**激痛中**。

スーダンは砂漠地帯だけに、昼と夜の気温差が激しい。

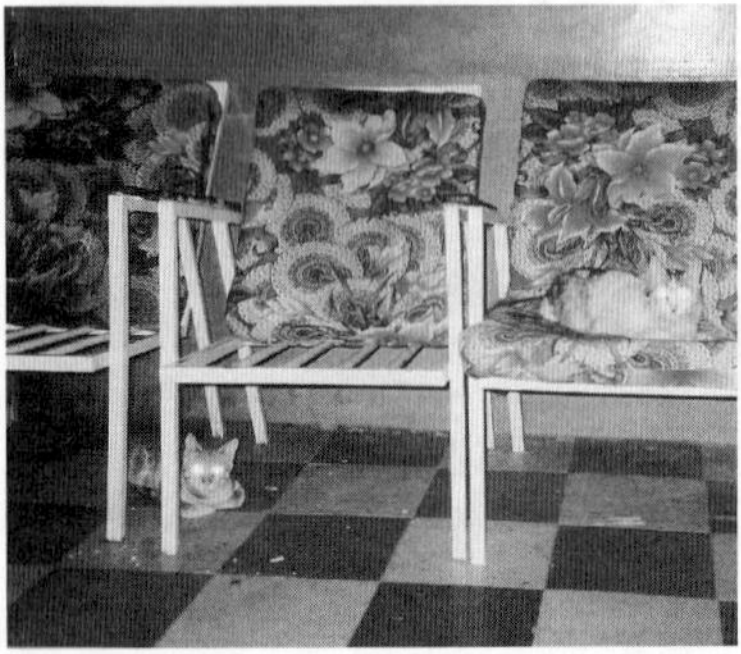

よって、オレはケニアで購入したマサイマントを体に巻き、イスの上で小さくなってガクガクブルブルと寒さに震え痛みに暴れ、イタイイタイイタイイタイと呪詛のように呟き念仏を唱えていた。

あまりにも痛みが引かないため、何かこれはとてつもなく悪い病気なのではないかという不安が、遂にジャジャーン！　と姿を見せ始めた。さあ、**こうなった時のオレは弱いですよ〜。常人の想像を遥かに超えた弱さを発揮しますよ〜（涙）**。オレの場合不安や恐怖は、高校時代の松井や松坂のように一度頭角を現したら止まることなくぐんぐん成長を続ける。**不安の大物ルーキー化**である。

ということで、ぐあんぐあんとうねる激痛に苦しみながら、ああ、オレの旅はもうここで終わるのかな……。いや、旅が終わるだけならまだいいよ。最悪このまま意識がなくなってスーダンで死亡して大使館や親に迷惑をかけて……オレは生まれてから死ぬまでずっと親不孝者だったな……えへ……もう死ぬんだねオレ……星になるんだね……と**ネット心中参加者に勝るとも劣らない絶望ぶり**を見せ付けるのであった。

痛い。とにかく尋常じゃなく痛いのだ。腹が痛いのだ。**あんたらにはわからんと思うけど腹がすごく痛いんだよオレは!!　痛いんだ!!　痛いよっ!!!**

プ～～～～～～～～～～～～～～～～～～～～～～～～ン

かゆいっ！　が――――っ!!　蚊が！　蚊がいるっ!!　何匹もいる！　刺されたっ!!　かゆい～～～～～～～!!

天敵のオレとしては、本来蚊の姿を見かけたら何をおいても絶対に抹殺、できれば生け捕りにして足と羽を1本1本むしってバラバラにしてから**最後に本体を叩き潰す**のが使命なのだが、この暗闇と腹痛と寒さの中で、とても蚊と戦うenergy（エナジー）はなかった。ただマサイマントでできるだけ体を包み、防御の体勢で痛みと寒さとかゆさに耐えるのみだ。

ううう……さ、寒いなあ……かゆい～～～～かゆいよ～～～～痛い～～～～～～いだい～～～～！　**寒い！　かゆい！　痛い!!**　そしてここは**アフリカのスーダン（号泣）**。それにしても痛いしかゆいし寒いし、ほんとにあれもこれもそれも一斉にだ。歌でいえば**「恋しさとせつなさと心強《いと》さと」（with t. komuro）**といったところである。

不安スパイラルと痛さかゆさ寒さに耐えてじっと目をつぶっていると、**アゴ～ン、ア**

ゴ〜ンとなぜか猫の呻き声が聞こえてきた。アゴ〜ンとは普通の声ではないな。なんかすごく苦しそうな鳴き声だ。もしかして、猫もオレと同じく腹痛に苦しんでいるのではないだろうか。わかる、わかるぞその苦しさ。オレも同じだ！　**ああ、友よ！　猫の心の友よ!!**　と思ったらさっきの2匹の猫がオレの目の前2mで**交尾していた。**

…………。

露出プレイかよっ!!　てめえらせめてもっと健康な人間を利用しろよ！　この死にかけの人間を興奮するためのダシに使うんじゃねえっ!!!

オレが2m先でどれだけ苦しんでいるかも知らずにやがて猫は静かになり、**すっきりした表情で**満足げに去って行った。**殺す。**

ぐが（さて）、腹痛がピキーンときたのが夜の8時頃。そこから痛みで一睡もできず、ロビーでひたすらマントにくるまり耐え、朝まで頑張り、もはや人々がじわじわと活動し出す時刻になった。

7時頃、オレはふらふらしながら部屋へ戻った。かれこれ**11時間ほど激痛にやられ続**

けている。もうダメだ。部屋では**初心者で有名な**タガミくんがのそのそと起き出して、入れ違いにどこかへ出かけていった。いいなあ健康な人は（泣）。さーて。どうすればいいんだろう。どうすれば僕は助かるのですか？　**治るのですか？　誰か教えて。教えてください（号泣）。**

そのまま、心のうつろいゆくまま、呆然《ぼうぜん》とベッドに腰掛けいで～いで～言っていると、初心者のルームメイトが帰ってきた。さっき出て行ったばっかりなのに。

「さくらさん、宿の人に病院の場所聞いてきましたよ。歩いてすぐです。**今行って場所見て来ましたから。**出かける準備してください」

「…………」

な、なななんだと！　そんな、そんな初心者の世話なんかに！　オレの、年上の旅人のベテランのオレのプライドがっ！

「すぐ出られますか？　僕が連れて行きますから」

「……はい。このままで行けます。**お願いします（号泣）**」

「じゃあ、念のため僕の注射針渡しておきますね。もし古い針で注射されそうになったら、これを使ってもらってください」

「はい（涙）」

タガミくんは、そう言ってビニール袋に入った注射器をオレに手渡した。注射の針を通しての感染が想定されるエイズや肝炎などの対策に、常に携帯していたということだ。また、これも持っててくださいと、**新しいミネラルウォーターもくれた。**

そしてオレはタガミくんに連れられ病院へ向かった。ゼエゼエ言いながら10分ほど歩き病院へ到着すると、彼は**オレの代わりに受付をして、「ではお大事に」と渋く声をかけて帰って行った。**

…………。

朝も早くから、僕は7歳も年下の、高校を出たばかりの10代の少年に、病院の場所を調べてもらいそこまで連れて行ってもらい、安全のため水も注射器ももらって受付も済ませてもらったのです……。

おおおああああうあうっ……ぐあっあうあう（号泣）。おおおお〜いおいおいおい（号泣）。

……いや、自分が情けなくて泣いてるんじゃない。たしかに**いつにもまして情けないけど**、それに関しては普段の延長だ。そんなことで泣くなんてないさ。でも……**おおお～タガミく～ん（号泣）**。

今までバカにしてごめんなさい。タガミくんじゃなくて、これからは多神くんって、そう呼ばせてください。発音は変わらないけど、**呼ばせてください**。この恩は一生忘れません。もし将来多神くんが映画監督になったら、きっと、**きっと僕がノーギャラで友情出演します。約束します。**

うーん……。こんな19歳がいるのなら、なんだかお世辞ぬきで、**日本の未来も捨てたもんじゃないのではないだろうか。**オレみたいなのばっかりだったら捨てたもんだけど……。

さて、しかし受付だけ済ませたとはいえ、多神くんの帰ってしまった今、もはやオレの面倒を見てくれる少年はいない。

いやだ！　少年に面倒を見てもらわないとオレはなんにもできないんだよ！　**おなかいたい！　誰か！**

しかし見回してもいるのは患者だけにみんな**自分の病気で手一杯**という感じで、オレの手をひいて世話してくれそうな善人は見当たらなかった。さ、さみしい……。僕は**うさぎと同じで、さみしいと死んじゃうんです。**誰かいたわってください。**抱いてください。**

なんだよ！　外国人がこんなに困っているのに！　1人ですごく痛がってるのに！　優先的に助けてくれたっていいじゃないか！　と泣いて痛がっていたら、看護婦のコスプレをした人に「あんた、そこの診察室に入りなさい」と命令された。

幸いなことにさほど患者も多くなく、すぐに女医さんに診てもらえることになった。話もそこそこにとりあえずうつ伏せに寝るよう言われ、ベッドにグターンと突っ伏す。

「はい、じゃあズボン脱いで」

「え……ズ、ズボンですか？」

「そうよ。脱ぎなさい」

もちろん腹痛を治すのが先決で、恥ずかしがっている場合ではない。オレは素直に、やや興奮しながら従った。

「はい、じゃあパンツも脱いで」

「え、え、ええ、ええええ」

「ほら、早くしなこのゴミ虫が！　とっとと脱ぐんだよ！」

「は、ははい女王様……ううう（号泣）」

「さ〜てじゃあ軟弱なあんたにはこの特製の**ぶっとい注射**をぶち込んでやろうかね〜」

女王様は、そう言うと本当に**極太の注射**を取り出し、いきなりオレの尻に突き立てようとした。ギンギン光る針先からは、痛そ〜うな薬品が舌なめずりをするようにピュピュっと垂れている。

オレは暴れた。

「やだ〜ささないで〜っ！　あお〜いやだ〜〜〜！　その針、その針が安心できないんです〜怖い病気が〜（涙）。この、この針、僕が注射器ありますっ!!　タガミくんがくれたんです新しいのを！　タガミくんがくれたんです!!　この新しいタガミくんがくれた針を使ってください〜〜〜お願いします〜〜〜アアアアア〜〜〜（号泣）」

「やかましいわねあんた……。ほら、新しいの出してあげるわよ。これで心配ないでしょ」

やれやれと**情けない人間を見る表情**で女王様は、机から新しい、ビニール袋に入った注射器をわざわざ取り出し、その場で開封してみせてくれた。なるほどそれなら安心だ。しかし問題は、これが何の注射か**全く説明されていない**ところなのだが、そんな疑問を持つ間に、オレのプリンっとした若々しい尻の脇に注射針は**ズボっと刺さっていた。**

「アアギャ――――――――――――――――――――――@@△@@□Σっっっ!!!」

「はーいもうすぐ終わるからねー」

「£££$♯□□オアオб△϶§（号泣）!!」

「はい終わり。次は、血液検査ね。隣で血を採って来て。それから、検便もするからね。この容器にモリモリ入れて持ってくるように。トイレはそこの左にあるから」

「いだいよ～（号泣）。それに検便なんて出ないよ～。だって下痢で全部出し切ったんだもん（涙）」

「いいから行きなさい」

「ウワァァアンヽ（゜Д゜）ノ」

採血の部屋では、なにか金属のカバーのような物を指先にかぶせたと思ったら**バチン！**と短いショックが指に走り、次の瞬間血がジワーっと染み出てそれを採取された。なかなか暴力的な採血方法だ。

次は検便だが、昨夜から今朝にかけて腸のものは全て排出しきっているのだ。出るわけがない。とは言いつつ、ともかくも女王様に怒られるのが怖いオレは容器を持って戦々恐々とトイレに入った。

そのトイレは患者さんが検査用にあれを採ったりこれを採ったりするため比較的広いスペースがあり、しかも洋式便器だった。

どう頑張っても出せる気がしなかったオレだが、それでも**やらずに悔やむよりやって悔やめ**と岬くんのお父さんの言葉を思い出し、とりあえず座ってみようと便器のフタを開けてみた。

うわぁぁぁぁ————（号泣）!!

洋式のため半分まで溜まっている水の中には、なぜだかプカプカと**誰かの出したものが**1本盛大に浮かんでいた（涙）。

ふざけんなっ!! ここは病院だぞ！ みんなが使うトイレじゃないか！ **なんで流さないんだよ!! お、おうっ、オエエエエロレロレロレロレロッッ（涙）**

もう勘弁してほしい。**オレは病気なんだよ。**なんで病人に対してこんなに辛く当たるんだあんたは？ 汚い。**汚いっ!!**

……いや、しかし汚いと決め付けるのもよくないかもしれない。このブツは、美女のものだという可能性もあるではないか。そうだ。信じよう！　これはスーダンを旅行中のキャメロン・ディアスがちょっと病院のトイレを借りて残して行ったものなんだ！　元はキャメロンの肉体の一部だったんだ!!　ああ、そう思うとこの大便もなんだか美しく魅惑的に**思えるかっ!!!!!**　たとえそうだとしても、キャメロンの尻から**離れた瞬間より**ただの汚物だっ!!

くそっ！　消えやがれっ！　オレは泣く泣くレバーをひねった。

ヘコッ

…………。流れない（涙）。

流れないよ〜〜〜っ（泣）。水が出てこないんだよ〜〜〜（号泣）。

ちょっと待ってよ！　オレ今から検便採らなきゃいけないんだぞ!!　ここに出したら混ざるだろうが！　誰かの出したもんと混ざっちまうよ!!　それじゃあ正確なデータ出ないでしょう!!

あああああもう！　どうなってるの！　**どうすればいいの!!**

ああ、でもオレがんばっても検便出ないだろうから、それならここにあるやつを拾って、オレのだってことにして持って行けば**オエエエエロレロレロレロレロレロッッ。たとえ腹痛で死のうともそんな汚いことできるか!!**

どうしたらいいかわからなくなって、オレはトイレから逃げた。だってどうせ出そうとしても出ないいし、**そもそも人のやつがあるし、流れないいし。ああどうしよう。どうしよう〰〰〰（涙）**。

だがトイレから逃げたはいいが、「出ませんでした」なんて言いに行ったら女王様にひどいお仕置きをされそうだし、でも他に行くところもないいし、オタオタと**待合室や検査室を行ったり来たり**しながらひたすら困っていた。困った。**あ〜困った。あ〰〰困った〜どうすればいいんだよ〰〰〰〰〰っ（号泣）**。

「ねえそこの日本人？　おたおたしてないで、もう検便はいいから診察室に戻りなさい。先生が待ってるわよ」

「は、はいっ⁉」

病院内を徘徊していた徘徊王子に声をかけてきたのは、さっき血を採ってくれた検査室のおばさんだった。もう検便はいいから診察室へ戻れと言う。いいのですか？　もう検便をしなくてもいいのですか？　しなくても女王様に**責められないのでしょうか？**

おばさんの言う通り診察室へ向かい恐る恐る中を覗くと、女王様先生が別の患者を診ていた。その患者は左腕にギブスをして首から三角巾で吊るしている。どうやら、**骨折の患者**を診ているようだ。

女王様……。**あんた何科？**

骨折は外科でしょ？　あなた本当は外科だったんですかっ⁉　オレの内臓は外科のスキルでチェックできるもんなんですか‼

「はい、じゃあ次の方……おや、さっきのジャパニーズチェリーボーイね？　血液検査の結果が出てるわよ」

「は、はい」

「例のものは持って来た？」

「あ、あの、すいません、け、検便は持って来られなかったんです……ち、違うんです！　怠けてたんじゃないんです‼　出したんです、**出したけど持って来るの忘れちゃったんです‼**」

「小学生みたいな言い訳をするんじゃないの！　もういいわよそんな汚いもの。あなたの病気はね、フードポイゾニングよ」

「な、なんですかそれ？」

「えーとね、えーと……あんたの貧弱な英語力を考えると説明が難しいわね。だから、ボクちゃんはね、何か悪いものを食べたの。それでお腹にきちゃったんでちゅよ」

「なるほど。フードポイゾニングでちゅか……」

これで病名はわかったぞ。フードポイゾニングだそうだ。**このやろうめ！　オレを苦しめやがってフードポイゾニングめ‼　許さんぞ！　日本語に直すと何ていう病気なんだよっ‼**

貧弱な英語力でちょっと考えてみまちょう。「フード」は、食べ物だ。ポイゾニングって、なんか「ポイズン」に似てるよな。言いたいことも言えないこんな世の中じゃ、って感じだ。そうすると**毒にまつわるエトセトラ**な言葉ではないだろうか。

食べ物と毒……。

はっ！

まさか……。もしかして、**オレはルームメイトに毒を盛られたのではなかろうか？**　たしかに、今朝から同部屋の少年T君（仮名）が妙に親切だなあと思ってたんだ。オレに毒を盛って、わざと瀕死の状態にしてから親切なところを見せ付けて、**それで女性ファンを獲得しようという作戦だなっ‼**　そうだったのかっ！　なんという卑怯《ひきょう》な‼

この人でなしっ!!!

でもよくよく考えてみると、T君はオレに食べ物を与えていないし……。毒を盛ろうにも盛るチャンスがなかったよな。看病のフリをして軽いタッチくらいの**わいせつ行為**はされたような気がするが、まあオレも寛大なので**おさわり程度は許す。**

Ｔ君（仮名）が無罪だとすると……。食べ物……毒……。

食中毒。

それだ！　これは正解だろう！「何か悪いものを食べた時になる、毒に関係ある病気」といえば、食中毒しかない。**食の中に毒がある。これすなわち食中毒。**しかし、食中毒の場合は毒は毒でも本当の毒ではなく、毒のようだがあくまで毒とは違う、いわゆる毒ではない細菌などである。……いやー、毒毒いってると**やっぱり毒々しく聞こえるね。**んなことはどうでもいい。毒とは違い細菌、そう、昨日食べた何かの中に仕掛けてあった**細菌兵器**にやられたのである。

なんだっ！　一体何に細菌兵器が入ってたんだっ!!

よーし、ちょっと昨日のことを思い出してみよう……。

ほわんほわんほわん………（回想シーン：昨日の夜・宿前の屋台）

屋台のオヤジに上品に声をかけるオレ。

「まーおいしそう！　そこのおじさま、このサイコロステーキはおいくらかしら？」

「おういらっしゃい、堀北真希にそっくりなおじょうちゃん！　たったの600ディナールだよ！　おじょうちゃんかわいいからサイコロ2個おまけしちゃうよっ！」

「まあ素敵！　それにすごくお値打ちね。やっぱり下々《しもじも》の食べ物って、下品でも安いからたまにはいいわね」

「はっはっは！　そうだろう！　じゃあ早速この砂埃の中で調理したステーキを、前の客が使った後サッと水で流しただけの油でべっとんべっとんな皿にコロコロと盛り付けてやるよ！　ほらよ！」

「まあおじさまったら、おちゃめなんだから！　じゃあいただきまーす！　サイコロだけに、なにがでるかな♪　なにがでるかな♪　……もぐもぐ。すご～い！　すごくおいしいわ！」

「そうだろう。どんどん食べていきなよ！」

「おいしいっ！　おいしいわっ!!　**うまいっ!!　もう我慢できないいっっ!!!　レロレロレロレロレロレロレロレロレロレロレロレロレロレロレロレロ（皿を舐めまくっている音）……」**

「きたなーっ！」

ほわんほわんほわん…………（回想シーン終わり）

……そうだっ！　わかったぞ!!

ステーキだ！　昨日の夜食ったサイコロステーキだっ！

そうだった。オレはあの時、ステーキなんていう億万長者の食べ物に感涙し、勢い余って

皿についていた油や汁までベロンベロン舐めまくってしまったのだ。冷静に考えれば、あの使い回しの油ぎった皿には細菌一家が**定住**していたに違いない。いつもだったら清潔を第一に重んじる、**無洗米も洗って炊く**ほどの用心深いオレなのだが、昨夜はステーキに惑わされ**理性のタガが外れ、**レロレロと**暴走する舌**を止めることができなかったのである。行儀が悪いとは思ったが、オレとステーキの仲が**ムツゴロウさんと犬の関係より上**だということをスーダン人に見せてやりたかったのだ。

だが、待てよ？　食中毒ならば、そんなに重い病気でもないんじゃないか？　あまりに尋常じゃない痛みで、下手したら腸チフスとか癌とかエボラ出血熱とか妊娠ではないかと思っていたが、そんなのではなく**ただの食中毒である**（食中毒をなめた発言）。

老人ならまだしも、肉体年齢10歳（子供）のこのオレのことだ。放っておけば食中毒の菌など、飲み会でオレの隣に座っていた女の子のように**いつの間にか消えている**に違いない。大抵オレがトイレに行って帰って来るといなくなってるんだよね（号泣）。

……そうだ。

悪いものを食べて腹を壊すなんてよくあることじゃないか。

食中毒なんていっちょまえの名前をつけやがっているが、言ってみればただ腹を壊しただけだろう？　と、オレは本気でそう思った。そして、**そう思った瞬間、いきなり腹痛**

が楽になった。

つい今しがたまで腹痛に顔を歪め体をくの字に折り、病院まで来るだけでもフラフラのヨレヨレ、オレの歩く姿を見た通行人はきっと「あれ何？　**殉職シーンの撮影でもやってるの？**」と疑問を持ったに違いない。それほど大げさに弱っていたのに、たいした病気ではないと聞かされた瞬間背筋が伸びた。おそらく、**ベホイミの呪文をかけられたキャラクター**はこんな気持ちなのだろう。

それにしても、発病したのが一国の首都であるハルツームでよかった。もしエチオピアの僻地で倒れでもしたら、きっと顔に色とりどりの染料を塗られ、裸にされて、呪術者に病気が出て行くまで**木の枝で力いっぱい叩かれ続けただろう。**そして**死んだだろう。**

まあそれでも病気の苦しみは**消えるっちゃ消える**のだが……。

さあ明日からは、日本人の仲間と一緒に楽しい電車の旅だぜっ‼

ワクワクだぜっ‼

電車でGO! スーダン編

パンクを修理するフリをして、密かにオレを毒殺する計画を練っている極悪Tガミくん（仮名）。

オレは2日ぶりに満足な眠りに入ることができた。

なにしろ昨夜は食中毒菌が腸の中で大暴れ。まるで**細菌界の8代将軍吉宗か**といった勢いで暴れん坊ぶりを発揮しており、オレは必死に「こ、こいつは将軍などではない。**上様の名をかたる不届き者だ！**」と、もしくは「ええい、**上様とて構わぬ！** 斬《き》れ！斬れいっ！」と腸に向かって**菌を成敗**するよう励ましていたのだが、食中毒の菌の強さは本物の将軍級、逆に**腸の方が成敗され**、結局痛みをこらえて一睡もできなかったのである。

さて、いい夢を見た後はいよいよ北上である。なんといっても2泊3日、謎の美女や、オレと毒を盛ったり盛られたりの仲の多神くんなど、日本人旅行者と**ワクワクドキドキのパラダイス**である。楽しいおしゃべりどころか、ツイスターゲームやノーパンしゃぶしゃぶごっこといった魅惑のイベントが組み込まれる可能性も十分にある。これほどまで移動が楽しみだと思ったことがアフリカの旅史上あっただろうか？　ちょっと待って、思い出してみるから。**……いや、ない。**

ちなみにチャリダーの多神くんは本来自転車で国境まで向かうのが筋じゃないかと思うかもしれないが、ここから国境までは砂しかないため、さすがに電車に乗らないと途中で死ぬらしい。まあ別に**それでもいいんじゃないの？**と個人的には思うのだが、倫理的には仕方のないことだ。

さて……。

ハルツームの駅を出てからわずか10分で、車窓の景色は空と砂のみとなった。

突き抜ける青い空、そしてレンガ色の砂そして砂、たまに石と茂み。走っても走っても景色は全く変わらない。今日から丸2日間、絶えることなくこの画《え》が続くわけだ。

この窓の外の変化のない景色がスーダンそのものなら、電車の中だってやはりスーダンだ。外国人などオレ1人。このコンパートメント、いやそれどころかこの車両に乗っているのは、**オレの他は全員スーダン人**である。

……え？　日本人と一緒じゃないのかって？

ふっ……。**愚問だよ。**あんた、ここがどこだか言って

みろよ。……そうだろう。ここは日本じゃないんだよ。**スーダンなんだよ！**　スーダンを旅する人間がチャラチャラと日本人同士で行動してどうするんだよ!!　日本人と一緒に旅をしたいんなら、**アフリカなんかに来ずに萩・津和野などの小京都めぐりに出かけてるんだよ!!!**

まあそういうわけだ。オレを見くびるんじゃないよ。つまりわかり易く言うと、昨日オレは病院に行っていたために**みんなと一緒にチケットを買うことができず**、その結果彼らとは**8車両分離れた席**で、スーダン人に1人混ざって2泊3日を過ごすハメになったのさ！

…………。

バカヤロ～～～～～～～～～～っ（号泣）!!!!

もういい。オレは女性にも愛されなければ、旅の神様にも愛されないのさ。**どうせどいつもこいつもオレの旅の邪魔をしたいんだろうがっ!!　悪かったな生きていてっっ!!!**

でも愛します。**僕は僕を愛します**。おお、そうか。オレはオレに愛されているのか。

…………。オレが栗山千明だったらなあ……。


ただひたすら、オレは車窓の砂漠を眺めていた。同じボックス席のオレ以外の５人のスーダン人は、もうすっかり打ち解けて盛り上がっている。

……ぼくさみしい。さみしい上に、砂まみれ。**砂さみしい**。

とにかく開けっ放しの窓から、そして床の隙間などから砂埃がどんどんモアモア入ってくる。病み上がりなんだから、砂かさみしいかせめてどっちかにしてもらいたい。これではいくらなんでもオレがかわいそうである。**子ぎつねヘレンよりかわいそうである**。そして子ぎつねヘレンとほぼ同程度に**かわいい**。


さて、オレは発車から数時間、当然スーダン人の会話には入れずずーっと１人でいたのだが、ふと見ると彼らが荷物をほどいて食料を次々と取り出している。おお、もう昼か。**大抵の人々には楽しい**ランチの時間か。オレ以外の大抵の人々には。

隣に座っている若者が、フライドポテトや卵をパンに挟んでオリジナルのサンドイッチ（若者サンド）を作り、他の人たちに配っている。彼らはグループではなく個別に行動している乗客なのだが、若者はわざわざ他の客の分まで食材を持ち込んで、無料でランチを作製して配っているのである。

ちなみに、オレは食料を持っていない。なぜなら、昨日の夜はまだ腹がやられていてとてもメシを食える状況ではなかったからだ。「今こんなに食欲がないんだから、**どうせ明日もあさっても食欲はないだろう**」という、かの有名なさくら論法の結果、2泊3日の旅になんの食料も用意しなかったのである。

尚、そのさくら論法が正しかったことを証明するように、今現在、初日の昼の段階で**めちゃめちゃ腹が減っている**。なにしろ一昨日の夜から下痢止めの錠剤を3錠ほど食っただけで、他には一切の食料を口にしていないのである。それ以前に摂取した物はトイレで全て放出しきっており、もはやオレの食道から腸までは真空の状態といっても過言ではなかろう。体内には**アリ1匹、ネコ1匹**這っていないはずだ。

もちろんここ数日で体重はますます激減、今のオレは、遠くから見たら**スーパーモデルと勘違いされそうなほどガリガリ**だ。そういえば、なるほど先ほどから周りの男たちが私を見る目線に、**少しイヤらしいものを感じるわ……**。

もしみなさんの中にスタイルでお悩みの女性がいたら、ハルツームの屋台でステーキの皿を舐め、**毒ダイエット**に励むとよいかもしれません。なかなかの**病的な激ヤセ効果**が期待できますよ！　※あくまで個人の感想であり、効果には個人差があります。

オレは、昼食の用意をしている隣の若者をチラチラと見た。お、おいしそうだな……。フライドポテトも、卵も、**結構たくさんあるよ？**　あなたたちだけでそんなに食べきれるのかなあ？　何か僕にできることがあったら協力は惜しまないよ？　ううう……。おなかすいたよ〜〜〜。1つだけちょうだい。**おじぎり、1つだけちょうだい（号泣）**。

しかし隣の配膳係の彼は、オレの姿など**痩せすぎて見えないかのごとく**、スーダン人のみと談笑している。

まあ考えてみれば当然である。最初に挨拶こそしたものの、まだまだオレは食中毒でヘロヘロで、ずっとムスッと1人で窓の外を見ており、非常に感じの悪い奴だと思われても仕方が無い。もし逆の立場だったら、オレだってこんな感じの悪い奴には、サンドイッチをあげるどころか**サンドバッグ代わりにそのへんの貧乏ボクサーにプレゼントし、ボコボコと打ちのめしてもらおうとするだろう**。

さて、オレ以外の全員に自家製若者サンドを配り終えた隣の彼であるが、見るとなぜかもうひとつサンドイッチを作っている。スライスされたパンに油でつやつやとテカったフライドポテトと、わざわざゆで卵をこの場で殻を剥いて挟んで、人数分以上のサンドイッチを用意している。これは、おかわり用だろうか？　いや、それとも……。これは、これは**もしかして**。

オレはサンドイッチなど興味ないフリをして、あくまでクールを装って外の景色を眺めながら、しかし5秒に1回くらい彼の手元をチラチラチラチラと見た。「あの日本人、強がっているけれど本当はすごく腹が減っているんじゃないか？　**ちょっとわけてやった方がいいんじゃないか？」とスーダン人たちに察してもらえるように**。

追加分のサンドイッチを作り終えた若者は、ポンとオレの肩を叩いた。そしてサンドイッチを差し出して、ニコッと微笑んでいる。

……………。

キャー！

キャーキャー！

エルオーブイイー若者LOVE♪♪

おありがとうございます。おありがとうございます（号泣）。

食べよう！　**みんなで一緒に食べようよ！　楽しもうよ！　民族の差なんて超えてさ！**

なんて素敵な青年なんだ……。同じ席なのに友好的な笑顔も見せずずっとムスッとしていたオレ、本来であれば**「おめぇに食わせるサンドイッチはネェ!!」**と中国なまりで言われても決して文句は言えない立場なのに、そんなオレにも優しく手を差し伸べてくれるなんて……。

彼はセフィアンという名の角刈りの好青年。趣味は食べ物の配給だそうだ。ひと言彼と挨拶したのをきっかけに、他の乗客も交代でオレに声をかけてくる。こ、これはひょっとして……、**交流？**　2泊3日、彼らと仲良く交流しながら、遠足のように楽しい移動ができるのではないのですか？……そうだ。旅とは、このように現地の人々と触れ合って、交流を深めるものなんだ！　**触れ合わなければいけないんだ!!**

……あああ。でも正直オレは外国人との交流が**辛いんだよ～**。だって初対面の人となんて、何を話したらいいかわからないじゃないか！　なんの話をすればいいか考えなきゃいけないし、しかもそれを英語で言わなきゃいけないんだ。**そんな面倒くさいことはやりたくないんだ！　1人で窓の外を見てたいんだ！**

しかしそうやって素直に本心を暴露していると、私の中のもう1人の私が、「ツヨシ、なにをわがまま言っているの？　せっかくみんなが話しかけてくれているんじゃない。地元の人たちと触れ合うチャンスじゃない。ここでスーダンの人たちと交流して友情を育み、そしてそれを**旅行記でアピールすれば**、世界中でいろんな人と仲良くなっている素敵な旅人としてイメージアップができるじゃない！　**女性にモテモテになるじゃない！**　さあ、今こそ触れ合うのです。**そしてモテるのです**」と呼びかけてきた。

オレはセフィアンや他の乗客たちと、日本のこと、スーダンのことやこの旅のこと、お互いの家族のことなどを話してすぐに打ち解けることができた。

日本人もスーダン人も、**同じ人間なんだ**。違うところなんてないんだ。こうやって心を開けば、打ち解けられない人なんていない。**だから僕は、旅を続けられるんだ。そこに人がいるから**。

……さて、モテモテ作戦が**大成功**したところで、喋りすぎて食べられなかったサンドイッチをいよいよいただくことにした。親切な青年セフィアンの自信作、愛のこもった若者サンドである。やった！　楽しい昼食だー！

おあっ！

こ、これは……。

オレは、ポテトとゆで卵の挟まったありがたいサンドイッチを見て驚愕《きょうがく》した。セフィアンは、この砂の舞い荒れる車内でわざわざゆで卵を剝いてくれたのだが……。汚れた手で卵を剝くとどうなるか。**きっとみなさんにも苦い思い出はあろう。**そう、ゆで卵が、卵の水分と手から付いた砂がミックスされて、**白い部分が見当たらないくらいどす黒く変色しているのである。**いや、ただの黒ではない。**漆黒だ。漆黒のゆで卵だ。**あわわ……き、きたない……（涙）。

衝撃的サンドイッチを手に動揺しながらセフィアンを見ると、もちろん彼は日本人が自分の手作りサンドイッチを**おいしくほおばる姿**を今か今かと楽しみに待ち、笑顔でオレを見つめている。

そ、そんな。この、この砂サンドイッチを……砂を食べねばならぬのか……。いや、もちろん彼の厚意、善意の詰まったサンドイッチだ。どんなに味が悪かろうと、文句を言う権利なんて誰にもない。でも、だからといって**食えん。砂が！　砂があぁっ!!**

言わずもがな、オレにだって道徳心というものはあるが、食中毒になったばかりだし、ここで砂を食うことはどうしても無理なのだ。おそらく昨日の女医さんのところに行って「あの、腹痛はだいぶ治まってきたんですけど、**もう砂は食べてもいいですか？**」と聞いても**絶対に許可は下りないに決まっている。**

しかし体調を理由に拒否しようにも、オレはほんの数分前にサンドイッチを**めちゃめちゃうれしそうに受け取っている**のだ。これで突然、「うう、なんだかお腹が痛いからサンドイッチが食べられそうもありません……あーいたい（泣）」と演技をしても**あまりにもバレバレ**である。そんなことをしたらオレとセフィアンの友情が、まだ**彼氏作らない同盟を結成した高2の女子のような表面的な友情**とはいえ、ドンガラガッシャンと儚《はかな》く崩れ去ってしまうではないか。

どうしよう。ここは冗談でうまくかわそうか。「あれ〜このサンドイッチ、砂まみれだよ？　砂サンドイッチだね！　英語で言うと、サンドサンドイッチだね！　わ〜まっくろでおいしそ〜、**って食えるか（笑いながらサンドイッチを投げつける）‼　アハハッ！**」とうまく**ノリツッコミ**で笑いを取れば。……いや、それをやったら、この場のスーダン人どころか**この旅行記を読んでくれている日本人全員からも人でなしの烙印を押されることになる。**

ああ……ここは、もうこれは砂サンドという種類の、**そういう食べ物だ**と割り切って食べるしかないのか？　若者サンドには砂がつきもの……砂……砂の汁が……。

……やっぱりダメだ。これは食えん。薄情者と言われようがお尻プリプリと言われようが、どうしてもこれは、これは食えん〜！　**アイキャント、アイキャント〜！**

オレはひらめいた。

「そうだ！　いいこと思いついちゃった！　このサンドイッチ、**通路で外の景色を見ながら食べるよ！**ここでも景色は見られるけど、ほらオレの席は窓際じゃないでしょ？　ああ、いいのいいの！　**席を代わってくれなくてもいいの！**通路まで行って、窓から顔を出して素敵な風景を見ながら食べたら、もっともっとこのサンドイッチはおいしくなると思うのです。だからちょっと行ってくるね！」

おお、それはいい考えだな！　と普通に反応してくれた優しいセフィアンと他の乗客を置いて、オレは座席を離れ電車の通路を歩いた。なるべく遠くまで。そして……。

ああ、やっぱり流れゆく景色を見ながら食べるサンドイッチは最高だなあ。オレは本当に幸せ者だよ。ありがとうセフィアン……。

ポロッ

ああっ！　しまった！　卵がっ！　卵が〜っ（以下略）

※卵とサンドイッチはこの後スタッフがおいしくいただきました

……さて、**腹ごしらえも済んだところで**、またオレはボックス席へ戻った。セフィアンにサンドイッチが美味かったと告げると、やはりとても喜んでくれた。そう、食べたのです。僕はサンドイッチを**残さず食べたのです**。本当です。

ということでゆで卵事件も一件落着、そこからまたしばらくオレは他の乗客と、現地の人々と**触れ合い**、和気あいあいと食後の上品な会話を楽しんだ。

やはり旅の友人というのはいいものだ。陽気なスーダン人の中に1人引きこもりの東洋人が混ざるというみにくいアヒルの子状態であったが、こうして受け入れてもらえてとても光栄なことだ。もし仲間に入れないまま、頑固に「いいのさ、オレは成長したらキレイな白鳥になるんだ！」と耐えていても、オレの場合は**成長したら本当にただのみにくいアヒルだった**なんてことになりそうなため、こうしてヒナの段階で少しでもみんなと交流できてうれしい。

彼らは基本的に皆若者なのだが、その中に1人だけ60歳のおじさんがいる。しかしおじさんも、若いもんには負けずどんどん話に入ってきて賑やかだ。いやーおじさん、とても60には見えないねえ。せいぜい58くらいですよ。

「おい、おまえ、ツヨシとかいったな」

「はい。そうです。ツヨシです。あと2日ほどですがどうぞお見知りおきください」

「おまえはアラビア語の名前は持っているのか？」

「持ってるわけないでしょ！」

「よし、ではオレが命名してやろう。うん、ムハマドというのがいいだろう。**今日からおまえはムハマドだ**」

「いやムハマドじゃなくてツヨシでいいんですけど……」

「じゃあよろしくなムハマド」

「オー！　ムハマド！」

「ムハマド！　ナイストゥーミーチュー！」

なぜかじいさんによって一方的なオレの命名式が終わると、セフィアンはじめ他の客も、

「ムハマド！　ムハマド！」と言いながら握手を求めてきた。……あの、**ちょっと待ってくれますか？　別にアラビア語の名前いらないんですけど僕。**

う～ん、アラブの世界では、時と場合に合わせて名前も使い分けなければいけないのか。**そのまんま東と東国原知事を使い分けるのと同じ仕組みだな。**これはオレの力で

スーダンをどげんかせんといかんのだろうか。

でもどうせならもっと画数とかも気にしたいし、そんな安易に決められても……というかムハマドなんてイヤだ！　**今時ムハマドなんて流行んないんだよ！　マドンナとかジェニファー・コネリーとかにしてくれ!!　顔に合わせて!!**

……いってー。ハラいてー（涙）。

ムハマドだマドンナだと騒いでいると突然暴走する腹痛。いや、決してムハマドやサンドイッチが原因ではない。まだまだ一昨日の大ダメージが残っているため、しばらく喋り続けると内臓が刺激されてメチャメチャ腹が痛くなるのだ。うーむ……、弱々しい。

というわけで、まだまだひたすら電車は砂漠を走り続けている。

それにしても何もない。いくら砂漠だからって、砂漠にも程がある。ヌビア砂漠なのはわかるが、少しは節度というものをわきまえてもらいたいものだ。

オレは朝からもう8時間ほど景色を眺め続けているのだが、一向に砂漠から脱出する気配がない。こっちは**金払って乗っている客**なのである。その客に対して延々と代わり映えのない景色を見せ続けるとは何事か。いくらスーダンとはいえ、よもやあの有名な三波春夫の言葉を忘れているわけではなかろう。そう、客であるオレは、**神様**なのだ。つまりあんたらの信奉している**アラーの神とオレは同じレベルなのである。**

　もしアラーの神がこの電車に乗っていたらどうする？　何時間もつまらない景色ばっかり見せておくのか？　違うだろう。普通は**国王とか大統領が美女とか貢ぎ物を持って挨拶に来るだろうがよ。**だったら、当然オレにだってそう接しろよ。**同じ神じゃねーか！　それなのにアラーには美女でオレには砂漠かよ‼**　せめて、時々蜃気楼《しんきろう》に菅野美穂や藤田朋子のヘアヌード写真集（レア物）を映写するとか、アラジンを乗せて魔法のじゅうたんを飛ばして見せるとか、客商売というものを少しは考えてもらいたいものだ。

　全開の窓からは風と共に容赦ない砂埃が襲ってくるのだが、風と砂埃を同時に浴び続けているとどうなるかというと、髪の毛が**風になびいたまま固まる。**8時間連続で砂風を浴び続けているオレの髪型は、既に**『キャプテン翼』の登場人物のような独特な三角形**になっている。風が吹き止んでも髪の毛はずっとなびいた形をしているという、名づけて**形状記憶髪型**である。

　さて、どうしてもやることがなくなってきたためヒマつぶしに砂漠の砂粒をひたすら数え続け、だいたい300万粒ほど数えたところで、ふとオレは**ものすごくいいことを思いついた。**かつてニュートンが木から落ちるリンゴを見て閃《ひらめ》いた時のような、そのくらいの画期的な発想がオレの頭に浮かんだのである。

その発想とは、何を隠そう、**「日本人のいる車両に遊びに行く」**というスペクタクルで**一発逆転**なものであった。

そうなんだ。週刊そーなんだ。オレと彼らの間にはいくつもの車両があるとはいえ、たった数百mの距離なのである。タイソン・ゲイならほんの20秒で走れる距離だ。そんな近くに日本人旅行者が固まっているのに、どうしてオレ1人だけがはぐれたまま頑張る理由があろうか??

オレはワクワクしながら前の車両へと突き進んだ。きっとオレがやって来たのに気づいたら、多神くんも美女コンビも日本人カップルも「わー！　さくらさ〜ん！」と手を振って喜ぶはずだ。だって、飲み会などで誰かが遅れて登場したら、**別にどうでもいい人物だったとしても「わー、〇〇さ〜ん！」と大げさに歓迎する**というのは**日本社会の美しい（そしてアホらしい）伝統**ではないか。

もちろん、何も手土産を持たずに行くわけではない。

実は……オレは昨日、先のことを考えてハルツームの露店でこっそりトランプを購入しておいたのである！　電車の中で日本人同士楽しく盛り上がるため、わざわざ探し回って自分のお金で買ったのだ。**少しの手違いで**別の車両になってしまったが、遂にここでオレのトランプが大活躍する時が来たのである。オレはみんなのためにトランプを持って行き、そしてみんなはオレを歓迎してくれる。そう、これが仲間というものなんだ！　**one for all, all for oneの精神なんだ!!**

　オレは車内の通路を伝い、長らくよろよろと歩いてようやく彼らの車両に辿り着いた。コンパートメントのドアにはガラスの部分があり、刑務所の独房のように中が覗けるようになっているのだが、覗いて探すまでもなく、若い男女のはしゃぐ声がひときわ高く聞こえるボックスがある。

　間違いない。あそこだ。オレは湧き上がるワクワクを必死に抑え、突然登場してみんなを驚かそうと、こっそり日本人ボックスを覗いてみた。

!!!!!!

ト、トランプやってる……。

み、みんなで楽しく騒ぎながらトランプで遊んでる……。

そ、そんな……そんなのって……。

そうか。そうだったんだね……。オレなんかが気を遣わないでも、ちゃんと誰かがトランプを用意してたんだよね。それで**発車してからずっと**、オレがスーダン人に囲まれて砂漠を見て**頑張っている時**に、みんなは退屈や苦労なんて知らずにトランプを楽しんでいたんだよね……。

ううう……

ぐす……グスン……うう

「あれー？　さくらくんじゃない。どうしたの？」

「お、さくらさん。何やってるんですか～？」

「う、うん。ちょっと様子を見に来たんだ。みんな何やってるのかなあって思って……」

「そうですか。（無視）**ああ〜ちょっと待ってください!!　Ａの次でしょ？　出しますよ!!**」

「え〜っ！　多神くんまだ2持ってたの〜!!　もう勘弁してよ〜」

「……（号泣）」

彼らは、**楽しそうだった。**そして、**オレの入る隙はなかった。**なんといっても、ボックス席がいっぱいなのだ。ここには日本人５人と、他に１人のスーダン人の女性が乗っている。しかし日本人に混じっても彼女はニコニコしながらトランプ大会を見ており、ここには**ひとつのとても良い空気**ができ上がっている。**余計な食中毒人間を入れる隙間などないかのごとくに。**

オレはボックス内には入れず、開いた**ドアのところで**しばらくみんながトランプをやっているのを**見ていた。時々彼らの会話に相槌を打ちながら。**誰も相手にしてくれなかったけど。

それでもオレは、トランプはできずとも相槌を打つことと、**笑いが起きた時に一緒に笑う**ということだけで数十分をそこで**粘った。**そして、どうしても仲間に入れてもらえなさそうだとわかった時に、ようやく**自分の車両に戻ることにした。**みんなのためにとこっそり持って来たトランプは、そのまま**ポケットの中にしまって。**

……ねえキミたち、キミたちの**血は何色だ!?**

オレの膝は号泣していた。

夕方の長い停車の後、電車は漆黒の中を猛スピードで進んでいた。景色はどこまでもどこまでも闇だ。こんな背筋が凍るような怖い闇は見たくない。タンザニアの夜の海も怖かったが、砂漠の夜というのもまた心に染み入る怖さであった。

窓から入る冷たい風と砂に吹きまくられながら、オレは孤独に3日目の朝を待つ!

砂の民・さらばアフリカ

砂漠の民たち。『TV チャンピオン』の「砂漠でうまく暮らしてゆく選手権」に出場したら優勝間違いなしである。

「ヘイ！　ウェークアップ‼　ヘイユー！」

「…………」

「ヘイ！　もうすぐアライブ！　ウェイクアップ！」

「むえ……うう……」

……ぐう、さ、寒い。なんだなんだ。**なんだよ！　眠いよっ！**

闇の中で自分が激しく振動しているのを感じ目を覚ますと、車掌が一生懸命オレの体を揺すっているところだった。

「ヘイユー！」

「……なっ、何するのっ！　やめてください！　**人を呼ぶわよっ！　あなたの相手をするくらいなら私、舌を噛みますっ‼」**

「到着なんだよ！　寝言は安宿で言え！　起きろコラっ‼」

「むにゃむにゃ……まゆみちゃ～ん……」

いい加減定職に就きなさいという親の言葉には逆らっても眠気には逆らえないオレは、起きられずにむにゃむにゃ言っているといきなりバチッと電気をつけられた。**ギャ――ッ！　まぶしい！　やめてくれ！　光はやめてくれ――っっ‼　ガルルルル……。**

車掌はオレが光に反応し暴れ出したのを見届けると、次の部屋の客を起こしに去っていった。

…………。眠い。車掌はん、もっと寝かせて**おくれやす**。

なんだよ……どう考えてもまだ夜中だろうよ……窓の外だって真っ暗じゃねーかよ……。

時計を見ると、**AM4時**であった。うう、寒い……。

はあ。仕方ねえなあ。あああああ、やっと到着かよ〜〜〜。な、長かった。長かったぞ……。

首都ハルツームから2泊3日、乗車時間**41時間半**。しかも寝台車ではない、**普通電車に41時間半**である。おのれ〜っ、ギネスにでも挑戦してるつもりかっ！　だいたい「普通電車に41時間半」って、**普通の電車は41時間も走らねえんだよ‼　おかしいんだよあんた‼　41時間も走っておいてよく普通電車を名乗れるもんだな‼　図々しすぎるだろテメエっ‼‼**

さて、バックパックを抱えて砂の上に降り立ったはいいが、**なんも見えん**。景色はもちろんスーダン人の乗客も、一斉に電車から出て行っている気配こそ感じるのだが、彼らは**闇と同じ色に擬態しており**完全に姿を隠してしまっている。どうすりゃいいんだ。

とりあえず無理矢理人影の後について行くというのもいいかもしれないが、黒い影の後を追ったところ、夜が明けてよく見てみたらスーダン人ではなくて**フライング・ヒューマノイドだった**なんてことになったら大変だ。仲間のフリをするためには、オレも空を飛んでみせなければいけない。あれはかなり体力を消耗するのに。

結局駅から出られずにオロオロしていると、多神くんはじめ日本人たちとなんとか合流することができた。そしてオレたちは数時間を、駅構内で**トイレットペーパーなどを燃やし**、焚き火をして過ごしたのだった……。

そして徐々に辺りは白み始め……

とりあえずオレたちは外の様子を窺《うかが》うため駅の入り口に向かった。もうだいぶ明るくなっているな。どうだろう、駅前に都合よく安宿があるだろうか。まあ、客引きの1人くらいいるだろう。

………。

なななななななんだこれは……。

ワディハルファの駅を1歩出ると、目の前には**ただの砂漠**が広がっていた（174ページの駅前の風景参照）。

砂だ。砂がある。……安宿は？　そんなものない。いや、建物がない。道路がない。**あるべきもの全てがない。**

なんだ？　オレたちはどこで降ろされてしまったんだ？　明らかに降りる場所を間違えているではないか。いくらなんでも、**こんな駅前の風景があるかっっっ!!　太陽系第なに惑星なんだよ!!**

ここまでアフリカの各国、何十という町や村を巡って来たが、町に到着してこれほどの衝撃を受けたのは初めてである。いや、というか**普通この状態を到着とは呼ばないのではないだろうか。**これはもしかして到着ではなく**遭難**なのでは……。

普通旅先で電車を降り1歩駅から出たら、その瞬間、宿やタクシーの客引きに一斉に囲まれ、自分の姿を**成田空港に登場した韓流スター**と重ね合わせるものだが、客引きどころかザリガニすらいない。

そりゃあ、昨日一昨日と丸2日間見てきて、もう砂漠は見慣れたさ。だが、それはあくまで**世界の車窓からだから許されるもんだろうが。**40時間も砂漠を見続けて砂漠を見続けて、ああやっと終点の駅に着いた！　いやー、とてつもなく長い砂漠の旅だったぜやれやれ……とようやく電車を降りたのに、**到着してもやっぱり砂漠でどうするんだよ！　町を出せ町をっっ!!**

これがアフリカの過酷な自然か……。オレは日本ではシャワーを2日に1回にして水を節約したり、お惣菜についている輪ゴムを再利用するなどして自然に優しい**ロハスな生活**を心がけているが、いつもあんなに自然に優しくしていたのに自然の方はオレに対して**容赦なく厳しい。恩を仇で返された気分だ。**もうこれからは自然に優しくなんてしない。**レジ袋を必要以上にもらってやるっ!!**

しかし、何もない何もないと思っていたのだがよーく目を凝らして見てみると、遠い丘の麓になにやら建物の類《たぐい》が見えた。とりあえず、あそこまで行ってみようではないか。よし、みんな行くぜ！

さて、最初ずいぶん遠くに見えていた丘は意外にも、歩けば歩くほど**いくら歩いてもやっぱり遠くに見えている。**もしや丘もオレと同じスピードで歩いているのだろうか？　**わんぱくなやつめ。**

砂漠の上を20kg以上の荷物を背負って歩いているため足は砂に取られ、近づくというよりどんどん**丘に離されていってる**気分だ。

なんとか辿り着いてみると、その丘の麓の建物はラッキーなことに宿であり、そこを基点に打ち捨てられたような村ができ上がっていた。いや、村というより、**砂だ。**そもそものワディハルファは「国境の町」という位置づけになっているようだが、断じて町などではない。ここを普通の町とすれば、**『まんが日本昔ばなし』に出てくる村ですら政令指定都市に思えてくる。**

まあそれはともかく、なにはなくとも宿である。旅人にとって宿というものは**三谷幸喜のドラマにおける戸田恵子のように重要なものだ。**オレたちはすぐさま、何の躊躇もなくその宿にチェックインをした。2泊3日を電車の中で過ごしたあげく、目の前の砂漠に絶望していた直後に宿が現れたのである。**もしこれがジェイソンの館でもオレたちはチェックインしていただろう。**

しかし……。この宿は宿といっても建物であって建物でなく、ただ砂漠の上に長屋が並んでいるようなもので、**部屋から出るとすぐ砂漠**なのだ。しかもそれだけではない、なんと**部屋の中も砂漠**なのである。薄っぺらい木のドアを開けると、**砂の上にベッドが3つ並んでいるだけ。**今まで水の出ない宿、電気がつかない宿、窓のない宿など様々な宿があったが、**床がない宿はさすがに初めてである。**いくらワディハルファといえ、料金をとって宿泊者を泊めるれっきとした宿なんだから、**床くらい作れ**と言いたい。

しかし、それでも今日こそはベッドの上で体をおもいきり伸ばして寝られる。**うおー**
(泣)! うれぴい……。なにしろここ2日間は、1つの長椅子を2、3人で共有し限界まで縮こまって寝ていたのである。丑三《うしみ》つ時には、オレを仲間だと思って**縄文時代の屈葬された遺体の霊**が遊びに来たくらいだ。危うく連れて行かれるところだった。

ところで、ここは国境の村であるのだが、隣のエジプトまではナイル川を**船で1泊2日**で下って行くしかルートがなく、その船もまた**1週間に1便**しかないそうだ。本当にこの村は地球上にあるのだろうかという疑問が浮かぶ。

「じゃあ、僕はちょっと港に行って、出航の日程を聞いてきますね」

部屋に荷物を下ろすと、相変わらず面倒見のいい多神少年が、貨物車から降ろしてきたアフリカ縦断自転車で出かけようとしていた。

自分だって疲れているだろうに、自らを犠牲にしてみんなのために働こうとしている多神氏。……なんて奴だ。オレはこんなに人のために自分を犠牲にできる人間は、彼の他には**自分の顔面を引き千切ってそのへんのガキに食わせる**アンパンマンくらいしか知らない。いや、あっちは人間じゃなくて**パン**か……。

ここは、オレがあの時の借りを返す番だ。あんたにかけてもらった情け、この**人情のツ**

ヨさんと言われたオレが忘れちゃいねーよ。

「多神くん、いいよ。キミは行かなくていい」

「え？　でも、船のチケットも買わなくちゃいけないし、どこから乗るのかも調べなきゃ……」

「オレが行ってくるよ。自転車貸してもらっていいかい？　疲れてるだろ。多神くんはゆっくり休んでろよ」

「いいんですか？　でも僕の自転車、荷物いっぱいくっついてるから漕ぐの大変ですよ？」

「**なめんなよっ!!**　オレだってまだ20代だ。自転車くらい乗れるんだよ!!　じゃ、とりあえず行ってくるぜ」

……多神、**オレにもたまにはリーダーらしいことをさせてくれよ。**いつもいつも年下の少年に甘えてばかりいるわけにはいかない。今度はリーダー（スーパーバイザー）のオレがキミを助ける番だ。

オレは部屋の前に立てかけてあったタガミ印の重装備自転車に飛び乗った。本当は誰よりも愛情深いのに不器用で自分を表現するのが苦手なオレは、せめてこういうところでみんなの役に立ちたいんだ。**これが年長者の誇りってもんなんだ!!**

そして、オレは颯爽と砂漠に向かって漕ぎ出した。

…………。

ぬお――――――――――――!!!!!!

く、くくおおおおっっむおおおおお!!!!!

…………。

ぐおおおおおおおおおっっっ!!!!!

へやっ!! へあああああああっ!! おりゃ~~~~~~!!

…………。

ペダルが動きません（涙）。荷物が重すぎる上にタイヤが砂に取られて1mたりとも進みません（号泣）。

「た、タガミくん、この自転車、全然動かないね……(笑)」

「でしょう? 途中で遭難しても大丈夫なように装備品たくさん積んでありますからね」

「…………。じゃ、じゃあ、歩いて行ってくるよ。オレが言い出したことだし。行ってくる。歩いて探してくる」

「いいですよ、僕行きますから。さくらさんは休んでいてください」

「…………」

ううう……。

オレが行くよ、と風のように自転車にまたがったはいいが、ペダルを漕ぐ力がないため**宿の敷地からすら出られなかったオレ**。そんなオレを笑うでも叱るでもなく、多神くんは砂漠の上をぐいぐいと、愛車を漕いで走って行った。

…………。

わっはっは。

オレかっこ悪い? ねえ、オレかっこ悪い?

いいや! 違うね!! かっこ悪くなんかないね!! **ただ貧弱なだけだね。**じゃなくて、漕げる漕げないの部分よりも、オレが率先して港に行こうとしたっていう、**その気持ちを評価してほしいね。そこを褒めて伸ばすべきだね。これからのことを考えたら。**

さてあまりにも腹が減っていたオレは、村を歩き天下一品ラーメンやカレーハウスCoCo壱番屋を探してみたのだが、今後数億年はワディハルファ支店はオープンしそうもない雰囲気だったため、仕方なく商店に食料の調達に出かけた。しかし唯一開いている店（小屋）で売っていた食料は、パンとジャムとチーズだけ。うーむ。自然体だ。

しかしこの際、パンとジャムとチーズを文句言わずにひたすら食べるしかない。ただでさえ痩せすぎのペラペラになっており、既にオレの体を前から見ると**後ろの砂漠が透けて見える状態**である。今では鍵を開けなくてもドアの隙間から部屋に入れるくらいだ。なんとか少しでも食べて、厚みを取り戻さねばならない。

オレはそれから毎食、ただパンとチーズを食った。この時ほど人間にとって食事というものは楽しみではなく**義務**なのだと学ばされたことはない。この村には**食料選択の自由**は一切ないようだ。……おお、なんか今ぼく**うまいこと言ったね**。このセンスがあれば糸井重里事務所に就職できるかも。

エジプト行きの船が出るのは2日後ということだった。

オレはその日も翌日も、ただひたすらベッドでごろごろしていた。外へ出ても砂遊びくらいしかすることがないため、ただこうしてだらけ、有り余った時間を消費するのみだ。

ごろごろしていると言うとなんとなく聞こえは悪いかもしれないが、旅人だからアクティブに出歩かなきゃいけないなんて決まりもない。信者に出家信者と在家信者があるように、オレは**在家旅人**なのである。特に今は疲れてるわ寝てないわ腹は痛いわ妹が欲しいわで、もう観光どころかベッドから1歩たりとも動きたくない。観光に行くんではなくて、**観光の方にここまで来てもらいたいくらいだ。**

それにしても、スーダンにこれだけ時間が余っているのなら、その時間を日本に**輸出してくれ**と言いたい。

「ハーイ！　ツヨシ！」

…………。なんだ？

突然部屋のドアが開き、1歩たりとも動きたくないベッドの上のオレの名が親しげに呼ばれた。そこにいたのは3人の若いスーダン人であったが、よく見ると中の1人には見覚えがある。これは……。そうだ、ハルツームからの電車でオレにセフィアンサンドをご馳走してくれた、博愛主義のセフィアンではないか。

「オー！　セフィアン！　ハロー！」

オレはとびきりの笑顔になり、再会を祝う握手をした。頼むセフィアン、**ただ挨拶をしに来**
ただけであってくれ。心の中では「ああなんか面倒なことになりそうだ……」と嘆きながら。

セフィアンは隣の若者をオレに紹介して言った。

「ツヨシ、ゼイアーマイフレンド。アンド、今からユーは、**カムトゥーマイハウス！**」

「お、オー！　リアリー？　ユアハウス？」

「イエス！　マイハウス！　トゥギャザー！」

「おー……イッツナイス……（号泣）」

ズガ―――――ン！

き、きた……。**現地人の家への招待きたー！**　断れないっ！　**これは断れないぞっっー！**

ああ、今そんなイベントはきつい……（涙）。ただでさえ人とのコミュニケーションが肌に合わない**特異体質**のオレなのに、今はハードな移動の谷間。なにしろ引きこもりにとって「外国人のお宅訪問」というのは**陰陽師《おんみょうじ》が平将門の霊と対決するくらいの精神力を使うイベント**だ。五体満足で乗り越えられるかわからない。

が、とはいえセフィアンには黒いサンドイッチを含めいろいろとお世話になったし、なにより「ちょっとオレ用事があるんで」と断っても、**どう考えてもウソ**である。**たとえ振り込め詐欺に引っかかり1000万ほど騙し取られたおばあさんでもオレの「用事がある」はウソだと見抜くだろう。それくらい明らかに用事はない。**

…………。

「さんきゅーセフィアン！　アイゴートゥーユアハウス（涙）！」

「オーケー。レッツゴー！」

「おーー！　おーけーー！　レッツゴー（泣）！」

オレはセフィアンたちについて宿を出た。わざわざオレを探しに来てくれたことへの感謝の気持ちと、**原因不明の疲労感**と共に。もちろんこれは喜ぶべきことだ。電車で隣に座っていただけの関係のオレを、家にまで招いてくれるのである。こんな好意に対して誰が不満を言えよう。たとえ不満を持ったとしても**誰が旅行記に書けよう。**そんなことは道徳的に決して許されることではない。僕は、旅先でこうやって現地の人の家を訪ねるのが**大好きです。**

砂漠を別の丘へ向かってまた30分くらい歩くと、もう1つの廃墟風の村が現れた。道路も何もない全方角地平線の砂漠の上に、石やレンガでできた箱のような家が大きく空間をあけてポツンポツンと並ぶだけ。この村は**スーパーファミコン程度のポリゴン機能でも表示可能**と思われるシンプルさだ。セフィアンはこの村出身だそうだが、**そもそもこの村から出身できたというのが凄い。**もしオレがこの村で生まれる予定の魂だったら、おそらく事前審査で**適応力なし**と判断され、この世にデビューさせられぬまま**握り潰された**ことだろう。

そんな集落の中の1軒、レンガ製のセフィアンの実家へ友人と一緒にドヤドヤとお邪魔する。

部屋に入ると、セフィアン（次ページ写真左）が大皿に盛られた食事を運んで来てくれた。手作りのシチューや肉、パンが並んでいる。うーん、もったいない。オレのような心の狭い人間にわざわざ手料理をご馳走してくれるなんて……。電車の時もそうだったが、彼は本当に人が喜ぶ顔を見るのが好きなのだろう。オレなんて人が喜ぶ顔ではなく、女の子が恥ずかしがる顔を見るのが好きだ（滅多に見られないけど）。

なんか、彼を見ていると自分が恥ずかしくなってくる。本当に恥ずかしい。試合後のインタビューで天山広吉とのタッグについて聞かれ、「1＋1は2じゃねえぞ。俺たちは1＋1で200だ。**10倍だぞ10倍！」と答えたプロレスラーの小島聡くらい恥ずかしい**。

しかし、恥ずかしい人間であるオレがいつも困るのが、誰かに食べ物を出してもらった時である。なにしろ、**オレは好き嫌いが多いし食が細い**。どうだ。**情けない人間だろう**。しかも今は昼飯を食べたばかりである。みんなして「さあ食えさあ食え」と勧めてくれるのだが、そんなに食べられません。**ぼく、スーダンの家庭料理、食べられません（涙）**。

とりあえずオレは、こういう場合の定番脱出方法、**腹を押さえて痛いフリをするポーズ**をとった。このポーズは得意である。子供の頃から給食や夕ご飯で嫌いな物が出た時、そして**学校に行きたくない朝**に何度使ったことか。そう、食事に問題があるのではないんです。あなた方のもてなしは最高に素敵でした。ただお腹が痛いだけ、オレの体の方の問題なんです。僕が最低な人間なだけなんです。

そんなわけで、オレは元気にガツガツ食べられないお詫びにと思い、必死に明るい話で場を盛り上げようと頑張った。少しでも彼らに楽しい思いをしてもらおうと、**一生懸命話したよ。**

もちろんオレが頑張ろうが頑張るまいが、彼らの気さくさに巻き込まれて場には自然に笑いが生まれ、結果的には和やかでとても良い空気で歓談することができた。

よかったー。来てよかったよここに。嬉しいよ。**楽しいよ。**

…………。

しかし……。

オレは人を訪ねた時、人と会った時、いつも思うのだが、いったい**どういうタイミングで帰ればいいのか**というのが、実に決断が難しくて迷う。オレ以外の世間一般の人というのは、どのようにしてその時を見極めているのだろうか？　盛り上がっている時に立ち上がるのは申し訳ないし、しかし楽しいからといって1時間が経ち2時間が経つと、ほら、こうやって……じわじわと場は……沈黙に支配されてくるよね……。

およそ旅先の触れ合いというのは最初は必ず分不相応の高いテンションで始まり、それこそ**高田純次なみのスタートダッシュ**を誰もが見せる。しかしそんなものはどう頑張っても30分が限度であり、2時間も経とうものなら精も根も話も尽き、**その場にいる全員が沈黙の艦隊の乗組員である。**

そりゃそうさ。だって、**普通初対面のスーダン人とそんなに話すことなんてあるかい？**　ぶっちゃけ、日本で引きこもっていたオレとスーダンの砂漠で生きている彼らが共有している話題など、**「人間であることについて」**くらいだ。この砂漠の果ての地で人間についてなどを重々しく語っていたら、「オレも参加させろ」と太宰治がやって来そうである。

本来オレは、「上戸彩の主演ドラマの中でどれが一番好きか」など**こっちの土俵**で話をしたいのだが、しかしスーダン人のセフィアンたちがそんなことに詳しいわけがなく、どうせ「アテンションプリーズが好き」とか**無難な答え**で乗り切ろうとするに決まっている。それでは会話の広げようがない。

というわけで、シーン……という効果音（静寂）に包まれる中で次は何のことについて話そうかな……と必死に考えていると、この和風の気まずい空気に耐えかねたのか、セフィアンや友人たちが立ち上がった。じゃもうそろそろ行こうか、ということらしい。

えっ、もう帰るの？　そんなあ。残念だなあ……。オレ、もっともっとみんなと話をしていたかったのに……。決してオレたちの話は尽きないのに……。**ビ――――（ウソ発見器の音）**

オレたちはセフィアン宅を出て、集落を歩いた。そして、近くにある**別の友人の家へ招かれることになった（号泣）**。

あはは……うれしいなあ……。

そちらでも友人やお母さんが大歓迎してくれ、ありがたいことに**食べ物やお菓子がどんどん出てくる（涙）**。なんて素敵なんだ。

「さあツヨシ、どんどん食べろよ！」

「わあ〜ありがとう〜(涙)。ぼくの大好物の甘いお菓子がこんなに。じゃあぼくは、この銀紙に包まれていて、両端をつまんで引っ張るとクルクルと中身が出てくるタイプのこのお菓子を1つだけ……」

「そんな小さいのばっかじゃなくて、1つと言わずいくつも食べろって。ほらほら、こんなにたくさん種類があるんだから」

「やったあ！　じゃあ、もう1つ銀紙に包まれているこれを……あと銀紙に包まれているこれも……」

「**なんで小さいのばっかり取るんだよ!!　銀紙に包まれているのは全部小さいだろうがっ!!**　ほら、このケーキなんかどうだ？　**甘い上にボリュームもたっぷり**で、キミのようなお子さんも大喜びですよ？」

「…………。あっ、け、ケーキだ！　こんなところにあったんだね!!　気づかなかったなあ(涙)!!　じゃ、じゃあひと口もらおうかな……もぐもぐ……。うっぷ」

「なに？　うっぷとか言わなかった今??」

「言ってないぅっぷ!!　そんなこと言ってないよ!!　うえっもしそう聞こえるとしたら、ただの砂のいたずらです!!」

「そうか。砂のいたずらだったか。よくいたずらされるんだよなオレ」

「ぐむむむむ……(涙)」

　あまりの甘さで口の中が猛烈に熱い。

　お菓子にしろケーキにしろ、アラブ諸国のスイーツというのは想像を超えた味の濃さで、**たとえカラムーチョを食べた直後のヒーヒーおばあちゃんでもひと口食べれば「あま〜〜〜〜〜い！」と叫ぶくらいの激アマだ。**

しかしいくらダメ人間でも、出されたお菓子くらいは笑顔で食べねばならぬ。オレが喜び笑うことが、セフィアンたちに対する礼儀であり感謝の証《あかし》なのだ。甘さで吐き気を催し泣く寸前であったが、オレは必死に涙を堪《こら》えて笑ってみた。ママ、なんだかぼく、つよい子になった気がするよ。

ようやく日も沈み、1人では遭難する可能性があるため（いや、**絶対遭難するだろう**）、セフィアンと友人たちはまた30分も歩いてオレを宿まで送ってくれた。

……まったく、人の出会いというのはわからないものである。オレはたまたまハルツームで食中毒になり電車のチケットを取り損ねたがために、セフィアンと知り合うことができたのだ。人生には、過去も未来も1本通る道を変えれば出会えているはずの人がたくさんいるのだなあ。そう考えると、**たまには食中毒になってみるのもいいもんだ。**

翌日は朝から出国手続きに砂の上を奔走し、船着場で4時間ほど待たされ（いい加減にしろ）、夕方6時、エジプト行きの船が出港する時間になった。ここからナイル川を下ってエジプトの入り口、アスワンまで、またしてもシャワーもベッドもない船上で20時間である。

それにしても、一体何日間体を洗っていないのだろう。オレはハルツームを出てから一度たりとも体を洗っていない。**股間すら洗っていない。**

さすがにこうして**5日間も股間を洗っていない**ことをカミングアウトしたら、オレの王子（徘徊王子）のイメージも多少なりとも崩れてしまうかもしれない。しかしみんな、安心してくれ。股間は洗っておらずとも、**パンツは3日目の夜に新しいのに替えている。**ある意味パンツさえ替えれば**股間を洗ったも同然**ではないか。だから、このことで決してオレの清潔なイメージが崩れるものではないということを、みなさまにここできちんとお約束したい。

ちなみに髪の毛は砂と埃でガビンガビンになり、**セットの家が爆発した時のドリフのような髪型**になっている。アフリカの日程も最後に差し掛かっているだけに、名実ともに**大オチ**の状態だ。

船上から見たナイル川に沈む夕陽は、純粋なアフリカで見る最後の夕陽であった。明日からは、エジプトの夕陽がオレを待っているのだ。

うおおおお————————（号泣）！
このアフリカのボケっ！　散々オレをいじめやがって!!!!!
これでさよならじゃ〜〜〜〜〜〜〜〜っっ!!!

↑ワディハルファの駅前の風景

ルクソールの憂鬱

「よっ。おまえのじいさん掘り起こされちゃったんだって?」「ああ。なんか早稲田の吉村って人がさ……」

この景色がなんだかわかるだろうか？

……ああ、そうだ。ただの川と対岸の景色だ。

しかしオレは昨日から船上で20時間、この岸が現れるのをひたすら待っていたのだ。

いや、たったの20時間ではない。オレはアフリカに立ち入った時から、いや日本でこの旅を決意した時から、いやもっとずっと前、保育園の時に女の子をトイレに閉じ込めてはしゃいでいたら隣のクラスの保母さんに**殺されるかと思うくらいの迫力で怒られた頃から**、ずっとこの瞬間、エジプトの陸地が視界に入る瞬間を夢見ていたのだ（激しく怒られたおかげでこうして真人間になれました）。

何がうれしいって、エジプトなのがうれしい。**ジンバブエでもマラウィでもエチオピアでもなくエジプトだというのがうれしい**。だってなんか身近じゃん……。知ってるじゃん……。

この一見平凡に見える川岸の写真の重要さというのは**ロナウジーニョのフェイント**

と同様**常人には理解できないもの**であり、ほとんどの人にとっては、これは紙汚しにしかならぬ平凡な写真であろう。しかしアフリカ大陸を北上してきた人間にとってこの写真は、**武田久美子とホタテ貝の組み合わせよりも興奮させられる画像**なのである。

ともかく**うお――――――――っ!!!**

エジプトだっ‼　今まさにエジプトに第1歩を!!!

いやあ、これほど心と体が打ち震える喜びに襲われるのも、滅多にないことだ。これに匹敵する感動といったら、**せいぜいみうらじゅんの「グラビアン魂」に好きなアイドルが登場した時くらいだ**。

エジプトの玄関口は、アスワンハイダムが有名なアスワンの町。港からは乗り合いのワゴン車で舗装道路を突っ走り、たったの30分でアスワンの駅前に着いた。

うーむ……。**都会だ……**。

駅前の商店街を歩くと、あるわあるわ物の山。物質の洪水で溺れそうです。水タバコが！

土産物の皿が！　ティーカップが！　ミントティーが！　パンティーが！　ブラジャーが!!　生活用品が！　キラキラ小物が！　ガラスケースに並んだスニッカーズが！　食べさせて！　食べさせてくださいっ!!

エチオピアでもスーダンでも首都に着くたび物があるとはしゃいできたが、ここアスワンは首都ではなく国境の町なのである。にもかかわらず、明らかに今までの首都と比べても**大差で勝利**しているのだ。エチオピアの場合などは人間の**おもしろ度**で勝負すればエジプトに勝てるかもしれないが、他の部分ではどう戦っても惨敗であろう。**山田花子がダイアナ妃に勝負を挑むようなもんである。**

安宿のドミトリー（大部屋）にチェックインし、

↑アスワンの駅前の風景

早速念願であったホットシャワーを浴びる。ああ……シャワー……1週間ぶりのシャワー……。温水が留まることなくオレの体の上を滑っていく（温水といっても温水洋一ではない）。**ぬおーー！**　き、気持ちいい（涙）。

体中から砂が落ちていくこの感じ。流れろっ！　流れろっっ!!　**スーダンの砂と一緒にスーダンの思い出も流れてしまえっ！**……ぐふっ！　か、髪が！　シャンプーをつけても髪に指が通らん！　なんだこの硬さはっ！　**冷凍のもずくかおまえはっ!!**

オレは「サラサラ髪解凍大作戦」と題し、まず1度目のシャンプーで表面を、2度目で内部1㎝まで進入し髪の外側をほぐし、3度目のシャンプーでようやく剛毛を掻き分け頭皮まで到達するという、スペースシャトルの打ち上げと同じ3段階の到達システムでなんとか洗髪を敢行した。

足元に流れる泥水。そして若返ってゆく肉体。

キレイだ……。オレはキレイなんだ。今まで私をいじめていた、意地悪な姉や継母たち！　**見てごらんなさい！　この美しい姿が本当の私の姿なのよ!!　これからお城の舞踏会に行って王子様と踊ってくるんだから!!**

26年前この世に生を受けてから人生最長であるシャワー浴びない記録は、遂に1週間で目出度く途切れたのだった。あー残念。部屋に戻ると、港から自転車でやって来たいまだシャワー浴びない最長記録更新中の多神くんがオレの隣のベッドにチェックインしていた。うわーっ！　ちょっと砂まみれじゃないあなた！　**やめてよ！　こぎたない姿で私に近づかないでよっ‼　もうっ！　汚いわねえっ‼**

砂にも汗にもドロドロした欲望にもまみれていない清潔な体で、電車でも船でもなくベッドで寝られるということが最上の幸せに感じられる。昨日は船の木製のカッタイ椅子の上で寝たため体中が痛み、全身を万力でぎりぎりと挟まれる夢を見たのだが、今日からはやっと安心してアイドルと戯れる夢を見られる。

「衣食足りてグラビアアイドルを知る」という諺があるように、人間というものは生活が満たされて初めて礼儀やアイドルのことを考える余裕が生まれるものだ。満足して寝られる場所も食料もなかった昨日までの1週間は、とても熊田曜子ちゃんや佐藤寛子ちゃんに想いを馳せるヒマなどなかったのである。

あの頃はエロエロな妄想に割く時間がないのが辛くて辛くて、**一時は本気で変態をやめることも考えたよ**。でも、諦めたらそこで終わりなんだ。辛いことも苦しいことも、永久に続くなんてないんだ。止まない雨はないんだ！　**終わらない幸せはないんだ！**KANも歌っていたじゃないか。どんなに困難でくじけそうでも、信じることが大事なんだ。**必ず、最後にエロは勝つんだ‼**

とてもここでは書けない内容の夢を見て、翌朝はピラミッドと並ぶエジプト観光の目玉だという、アブシンベル大神殿を訪れることにした。……う～ん、ホットシャワーと水洗トイレのある宿に泊まり、朝起きれば観光に出かける。**どんなセレブな生活なんだ。**ＩＴ長者かよオレは！　わ～はっはっは（高笑い）！

神殿までは観光用のワゴンに乗り、砂漠の中の道を3時間ほど。到着後早速チケット売り場を通って、他の乗客と一緒に神殿へ向かう。

アブシンベル神殿は約３３００年前、古代エジプトのファラオ（王）であるラムセス2世により建てられた大規模建造物らしい。

ただ、今更なかなか神殿ごときで感動を得るのも難しい。なにしろオレは、ジンバブエの奥地にあるグレートジンバブエ遺跡や、インド洋に浮かぶザンジバル島のストーンタウンなどいくつもの世界遺産を見てきているのだ。アブシンベルだかナオミ・キャンベルだか知らんが、今さらそんなものでオレを驚かすことができるとは思えない。なにしろオレは、ジンバブエの奥地にあるグレートジンバブエ遺跡や、インド洋に浮かぶザンジバル島のストーンタウンなどいくつもの世界遺産**qあwせdrftgyふじこlp!!**

なんじゃこりゃ――――っっっ!!!!

人の流れに沿って大神殿の正面に回った瞬間目に飛び込んできたのは、**鉄人28号とも十分戦えそうな、何十mもの高さの4体のラムセス2世の座像であった。**

な、なんだこの迫力は……。

神殿の正面に並ぶ4体の座像はそれこそウルトラマン級の巨体。3300年も座っているにもかかわらず全く足腰が弱った様子もなく、まさに王の中の王の迫力でナイル川を見据えている。

……いやいや、まあ大抵このような派手な神殿というか神社仏閣関係というのは、中に入るとシンプルで拍子抜けすることが多い。なにしろこれ

だけ外装でパワーを使ってしまったということもあるし、そもそも中身は神を祀《まつ》ってあるだけなので、派手さは必要ないのである。ということで、正面の座像に圧倒されすぎてちょっと落ち着きたかったオレは、シンプルな安らぎを求めて神殿の中へ入った。おっ……。↓

おいっ!! こらっっ!!!

派手だ！ いや、派手なんてもんじゃないっ!! ラムセス2世何体いるんだ！ おそ松くん兄弟かよっ!!

ああ、今までのアフリカの遺跡はなんだったんだ。

やはりアフリカは動物や滝のように**野生で勝**

↑外観に力を注ぎすぎて、なんの飾り気もなくずいぶん地味になってしまった神殿内部

負した方がいいな。建造物でエジプトに対抗しようとしても、勝負にならないというより**同じ土俵に立つ前に花道でコケて骨折して不戦敗**といったレベルだ（泣）。

すごいのは像だけではなく、通路を突き進んだ奥の小部屋には4体の小さな神像が置いてあるのだが、年に2回、**ラムセス2世が誕生した日と王位についた日だけ朝日が奥の部屋まで届き、その神像を照らすようになっているという。**

………。

そりゃあ誰もがエジプト来るわ……。だってグレートジンバブエ遺跡なんて、**毎日日光に照らされてるもん……**。まったく芸も何もありゃしない。ちょっとはエジプトを見習えよ。**照らされりゃいいってもんじゃないんだよ。**もっと照らされ惜しみしなきゃあ。

しかし、これこそが観光である。この迫力が、エジプトのエジプトたるゆえんなのか。**そしてあの迫力のなさが、ジンバブエのジンバブエたるゆえんなのか。**

ここには日本人外国人含めて多くの観光客がいるが、多分、他のみんなよりちょっとだけオレの方が感動が大きいのではないかと思う。正直、日本を出てからここまで辿り着くの、結構大変でした。お金盗まれたり、食中毒で倒れたり、**いろいろあったのよ……（涙）**。

アスワンでの生活は、栄燿栄華の限りを極めた。西にジュース屋があると聞けば飛んで行ってバナナジュースイチゴジュースを飲み干し、東にポテトチップスを見つけたら全ての味を買い込み、それどころか**毎日パンツも替えれば髪も洗う**という、3000年前のファラオたちと比べてもなんら遜色のない豪華な暮らしであった。

そんな王家な数日間を過ごした後、オレは北上し、古代エジプトの首都ルクソールへ向かうことにした。

ルクソールへの長距離バスは、**近年この大陸では見たことがない豪華なバス**であった。しかも、乗客が5、6人しか乗っていないのに、「1時半に出る」と言われて**本当に1時半に発車した**。

バスが、バスが満員になってないのに、しかも時間通り発車してくれるなんて、**なんという幸せなことなんじゃ〜〜〜（号泣）**。アフリカ諸国では、席が全て埋まり通路にも人間を詰め、**これ以上入れたら酸素不足で乗客全員意識を失うおそれがある**くらいにならないと絶対に発車しなかったのに。客が集まらなくて**4時間も停車中のバスの中で待たされる**なんてこともあったのに……（涙）。

ルクソールに到着すると、オレは宿を取ってすぐにミイラ博物館へ出かけた。ミイラ博物館はそのおどろおどろしい名前とは対照的に、恋人が集まる川辺に違和感なく溶け込んでいる近代建築だ。デートの途中で、「レストラン7時に予約だから、まだ時間あるね」「そうだねー。どうしよっか？」「じゃあ、**ちょっとミイラでも見てく？**」「うん、行く行く！**今日の日替わりミイラは何かなぁ？**」というふうにオシャレ感覚で訪れる博物館、かどうかは**知らん。**ちなみにオレは生まれてこの方、ミイラなどアジの干物くらいしか見たことはない。

しかしミイラ博物館はいざ入館してみると外から見た姿とは異なり、薄暗く人気も少なく、なんだかミイラでも出てきそうな不気味な雰囲気であった。

そんな中で展示を順番に見ていくと、「ミイラの作り方」などというコーナーがある。いわゆるミイラのレシピだ。まあ作り方を見ても、メモを取って**「よし、じゃあ帰ったらオレもミイラ作ってみよー」**と思うことは**絶対にない**のだが、まず最初の手順として死者から**脳を取り出し捨ててしまう**というあたりが、エジプト文明が進んでいたのかなんだかよくわからず、バカバカしくて面白い。

尚、材料の用意から始まって順番にレシピが書いてあるだけに、料理番組と同じ展開で

「そして、以上の物を3000年寝かせてでき上がったものがこちらです」と最後に**完成品のミイラ**が置かれている。

うえ――っ！ ほ、本物のミイラっ！　人が、人が干物になってる！　**人なのにアジみたいになってる!!**

　ガラスケースの中に展示されているミイラ男は、包帯でぐるぐる巻かれ出ているのは顔や手など一部だけだが、まさに人間の干物そのものであった。**よく噛めばいい味が出そうである。**もし近くにドラ猫がいたらこれをくわえて逃げていき、それを**サザエさんが裸足で追いかけて行っても不思議ではない。**

　調理済みミイラのパネルには、「プリーストのミイラ」と書かれていた。**ゲーマーには馴染み深い単語だ。**プリーストとは僧侶のことであるが、しかし僧侶だったら病気やケガをしても**自分で回復系の呪文を使えば死ぬことなんてなかったろうに。**最悪仲間の僧侶に**ザオリクでもかけてもらえば、**こんなところに陳列されることもなく今も現役で冒険を続けていられたはずだ。……いや～、こういうことを考えていると自分が**イキイキしてくる**のを感じるよね。

　博物館に展示されていたのはミイラと、別に内臓を保管している「カノプスの壺」と呼ばれる容器だ。将来魂が戻って来た時にちゃんと**生き返れるように、**肉体と内臓をキチンと保存しているのである。

ただ、おろかなことに内臓はあっても**脳は捨ててしまっており**、肉体が復活したところでせいぜい**人造人間程度の活動が関の山**だと思われる。生き返るというよりは**ミイラ男がフランケンになるようなもんで**、これでは結局のところ**化け物には変わりない。**

この干からびた体で生き返ったとしても、**歩けないわ気味悪がられるわドラ猫にはかじられるわ**で、おまけにサザエさんに追いかけられ、ミイラ自身も**「こんな辛い思いをするなら死んだ方がマシよ（涙）！」**と思うのではないだろうか。

しかし3000年も前の死体にしては、そもそも顔の形が残っているだけでもすごいこと。普通に死体を放置しておいたら、たったの数十年で骨だけになるのではないだろうか。もし「タッチ」の上杉達也が南と一緒にミイラ博物館に来たら、きっと「綺麗な顔してるだろ？**死んでるんだぜ、それで**」と、あの例の**名ゼリフ**が飛び出すことだろう。

ところで、ミイラのことは英語でｍｕｍｍｙ、マミーというらしい。英語にすると一気にかわいくなる。「マミーポコ」というおむつは、言い換えれば**ミイラポコ**ということになるのか。ポコの方が何を意味するかというのは、**またいずれ。**

プリーストの他には、生意気にもちゃんとレシピに沿って作られた猫のミイラなんかもあった。なぜか猫のミイラは地肌の見えている部分が全くなく、顔の部分も**かわいい猫の仮面**をかぶっている。一見猫のぬいぐるみとあまり変わらないため、裏庭で発見してそのままぬいぐるみだと思い一緒に寝ている女の子なんかもいるかもしれない。「最近ミーちゃん汚れてきちゃったから包帯取りかえまちょうねー」、なんて言って**開けた拍子に中からミイラ化した猫の遺体**である。それを機に少女がグレてしまっても誰も責められない。

ということでミイラ話はなかなか尽きないが、あまりミイラをバカにしているといざ自分がミイラになった時にいじめられそうなので、ミイラに関しては**今宵はここまでにいたしとうございます。**

そんなわけで夜も深くなり、ミイラも蘇生しそうな時間となってきたため、そろそろオレはホテルに帰ることにした。

オレの宿泊していたのはルクソールでも有名な安宿で、誰が呼んだかナイナイの岡村さんに似ている「アリ岡村」という非常にインチキ臭いエジプト人がいる宿であった。彼らは日本人の客を得るために**小さな親切を重ねること山のごとし**で、チャイを振る舞ったり観光の相談に乗ったりして信用させたところで、逆にツアー料金やタクシー代といったハイリターンを狙うという、**旅行業界の官官接待**をルクソールで大々的に実行している。

そしてそんなアリの弟に、オレは駅前でつかまった。

ちなみに弟はオマルさんといって、**マミーポコと非常に関わりが深い名前**のエジプト人である。

彼はもうすぐ到着する長距離列車に乗っている日本人旅行者を狙い、客引きをするため待ち構えているらしい。ところが、なぜかおまるのヤロウは、オレに客引きを手伝うよう命令してきた。

「オイ！　ツヨシ！　ほら、もう客が降りてくるから、日本人がいたら声かけてくれよ！」

「なんで宿泊客のオレがそんなことしなきゃいけないんだよ！　あんたが勝手にやれよそんなこと！」

「あそこっ！　チケット売り場の前だ！　若い日本人の女の子が3人、ほらガイドブック開いてる！」

「若い女の子っ！　女の子はオレに任せてっ!!　こんな機会でもないと女の子に話しかけられないんです僕はっ!!」

オレは日本の伝統である摺《す》り足で近寄るやすかさず3人の傍《そば》に立ち、ルクソールのことは**なんでもオレに聞きなよ**というさわやかさを出して彼女たちに声をかけた。

「ねえ、キミたち。**これはナンパじゃないよ。客引きだよ。**だからオレは悪いことをしているわけじゃないんだ。**必然なんだ。**ねえ、今着いたの？　オレ、宿のエジプト人に無理矢理客引きにつき合わされちゃっててさー、**もうまいったよ。**でも今日の宿まだ決まってないんだったらさあ、見てみるだけでもいいからちょっとどう？　オレの顔を立ててみると思ってさ、お願い！」

「オディガ、シクダンイムニカ？」

「へ？　あ、あの、今夜の宿を……」

「チョヌン、ノメプジアンケヘジュセヨ！　イゴスンノムシンゴプスムニダ！」

「ひ〜〜〜っ、すみません！」

「オーイ！　ツヨシ！　どうしたっ！　もっと頑張って話せよ！　同じ日本人だろうが！」

「いやこの人たちは日本人じゃなくて……」

「なに言ってんだよ！　同じ言葉喋ってるじゃないか！　おまえが頼りなんだから、しっかりしろよ！」

「あんたには同じに聞こえるかもしれないけど全然違う言葉なんだよ‼　顔も同じだけど微妙に違うの‼」

「あっそ。あ、あれはどうだ？　ほらあのカップル、日本人だろう！」

　別方向を歩いていたカップルは、後ろからこっそり犯罪者風に忍び寄って覗いてみると、たしかに日本語版の『地球の歩き方』を開いていた。よし！　今度こそオレに任せろ！　カップルは気に食わないけど！

「あのー、すみません、日本人の方ですよね？　僕この近くの宿の客なんですけど……」

「…………」

「あの、なんか宿のスタッフに客引き手伝えなんて言われちゃってですね、今こうして声をかけさせていただいてるんですけど……」

「…………」

「あのあの、もしまだ決まってなかったら、僕泊まってる宿が安いんで、見るだけとかどうかなと思って……あの……あのあのあの……」

「…………」

　日本人カップルは、オレの声、いや**オレの存在ごと無視して、こっちを一瞬たりとも見ようとせずにただ黙って去って行った。**しばらくまとわりついて声をかけながら歩いていたオレは、**ただ1人駅前の大通りにポツンと取り残された。木枯らしが寂しく通りをさらって行く、冬の寒い夜だった。**

「オイ、結局ダメだったのか。日本人じゃなかったらダメで、日本人でもやっぱりダメなんじゃないか」

「うるせえーっ！　オレはおまえの宿泊客だろうが!!　なんで客のオレがこんな目に遭わなきゃいけないんだっ!!　こんなに心から惨めな気持ちになったのは3年ぶりなんだよっ（号泣）！　だいたいあの日本人はなんだ！　おまえら、日本人が話しかけてるんだからせめて挨拶くらいできねーのかよ!!　断るなら断るでいいがすいませんごめんなさいくらい言えるだろうが！　おまえらは日本人の恥じゃっ!!　おまえらなんてなあ、髪の毛を何十本も引き抜いて口の中に突っ込んだあげくミイラのレシピの実験台にしてやるんだよっ!!　脳なんて捨ててやるんだよコラっ!!　がご——————!!!」

「こら、落ち着けっ！　客は毎日来るんだから！　これくらいでそんな落ち込んでどうするんだよ！」

「……あああうっ（号泣）」

オレは明らかに**味わう必要のない屈辱**を、ただミイラを見て帰って来ただけなのに味わわされ、旅先で現地人に冷たくされるのには慣れているが同じ日本人に無視されたことが本当に悲しく、**この後長らくこの傷が癒えることはなかったのである（号泣）**。

変態 in ピラミッド

カイロの縁日の屋台で売られていたお面。

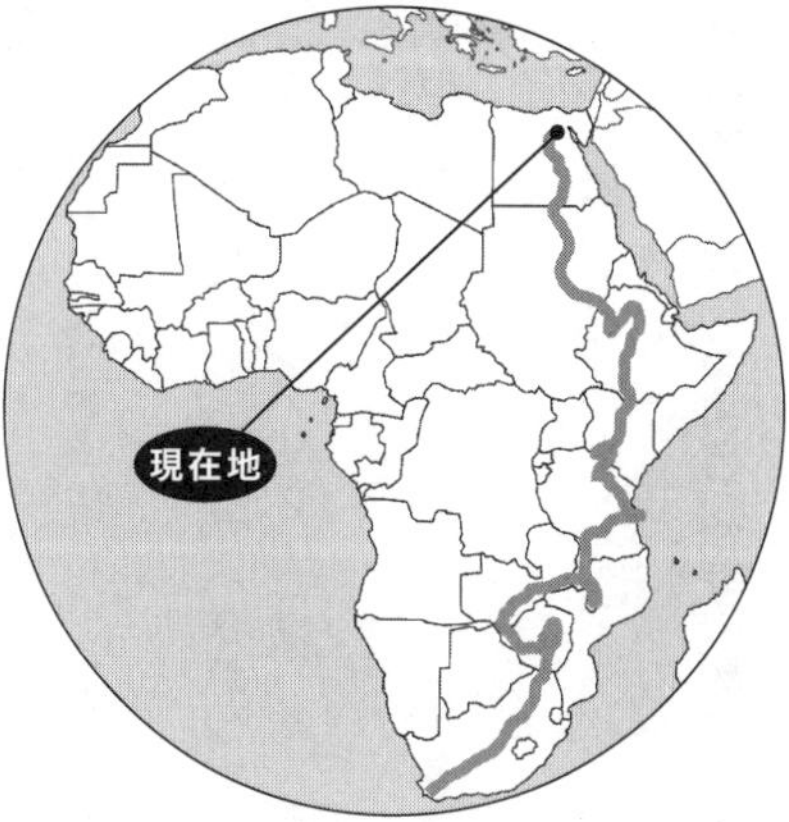

ルクソールの宿の屋上には、日本食を出すレストランがあった。

といってもテーブルの上にメニューが載っていなければレストランというよりは**引越し作業中の事務所**に見えるとっちらかり具合で、その辺で日当800円くらいのバイトの若者たちが**サブチーフの指示を受けながら**滑り止めの軍手をはめて作業をしていてもおかしくない風景である。だが料理を作れる従業員がいる時に限って、ここは搬入現場から食堂に大変身するのだ。

といっても調理のできるスタッフは宿にたった1人だけ、しかも『**スケバン刑事《デカ》Ⅲ**』**の般若や遊び人の金さん並みに神出鬼没**なため、このレストランに来ても食事にありつける可能性はそう高くない。

今日はたまたまマンドゥーさんという噂の調理人がいたため、ここで夕メシを食うことにした。注文したのは照り焼きチキン丼と卵かけごはん。そして、オレはひと口食うやいなや**美味さで泣いた（涙）**。

米に、醤油味の卵とチキン。なんっという贅沢な組み合わせなんだ。時代劇で言えば、**石川五右衛門が銭形平次に捕まって大岡裁きを受けるような夢の組み合わせ**である。ああ、日本人でよかった……。

ふと見ると、隣のテーブルでは日本人大学生のグループがほぼ同じ料理を前に、なんだかやる気なさそうにしている。そして、オレはその言葉を聞き逃さなかった。

彼らはかくのごとく言った。

「これマズくて食えねーな……」

「うん、オレもきついわ……」


なんと！　南斗水鳥拳!!


こ、この米を不味《まず》いとは……。

大学生軍団は、丼のメシを半分以上残して階下へと去って行った。

……ねえあんたらさあ、知ってる？　米の1粒1粒にはそれぞれ7人の神様が宿っているんだよ？　そんな半分も残してさあ、**神様3000人くらいはまだ丼の中にいるんじゃないの？**　それどう思うの神様に対して。

よく考えてみれば、米に神様が住んでいるんならそもそも**食っていいのか**という話であるが、しかしこのことからわかったのは、大学生が食べ物のありがたみをわかっていないということでは全然なく、**オレの味覚がどれだけアブノーマル（abnormal＝異常な、普通でない【ライトハウス英和辞典より】）になってしまったのかとい**

うことである。

思い起こせばオレのエチオピアとスーダンでの飢えっぷり、あの頃の米や肉への渇望は、もし俳優のケビン・ベーコンに出くわしたら、**記念写真をせがむより先にパンに挟んで食おうとしてしまうのではないか**というくらい、半端ではないものがあった。

おそらく、この日本食は普通の日本人にとっては決して美味くはないものなのだろう。値段が100円くらいということからもそれはよくわかる。しかしオレにとっては、**防空壕で暮らすようになった清太と節子がある日突然おぼっちゃまくん（小遣い月額1500万円）の家に養子に迎えられるような豪勢な感動であった。**

さて、ルクソールから夜行列車に乗り、翌朝着いたところはカイロである。まずオレは、真っ先にツタンカーメンの財宝が眠るエジプト考古学博物館に入場した。

ツタンカーメンといえば7人の悪魔超人の一員であり、**ブロッケンJr.をミイラにしてストローで血を吸おうとする**など悪者のイメージもあるかもしれない。しかし本物の彼は決して悪魔超人などではなく、有力者の宗教対立の中で翻弄され、9歳で王位に就き17歳で暗殺された悲劇のファラオなのである。

ともかくオレはツタンカーメンと聞いては黙っていられない。でも黙っていられないからといって、**騒いでもいけない。**展示物の鑑賞中は**お静かに。**

考古学博物館の2階は、ほとんどの展示スペースをツタンカーメンの墓から発見された財宝に占有されていた。とにかく右を見ても黄金、左を見ても黄金。石を投げれば黄金に当たり、そして**警備員に捕まり天文学的な損害賠償請求をされる**という状況である。

黄金のマスクは言うまでもなく、ツタンカーメンの棺《ひつぎ》や玉座やベッドに装飾品、とにかく何もかもが黄金でできている。しかもツタンカーメン王のミイラが眠っていた黄金の棺などは、第1の棺、第2の棺、第3の棺と大きい順にいくつも並んでおり、1人の人間を入れるのにいくつ棺があるんだという意味不明な状態だ。

どうやら棺の中に棺が、さらにその棺の中にも棺が、またその棺の中にも棺が、と何重にも黄金の棺が重なっていたらしい。

おそらくこれを発掘した考古学者のカーターも、開けても開けてもまだ棺という状況に**「いい加減にしろよ!!」**と叫んだことだろう。最後に紙切れが1枚だけ入っていて、**「ハズレ」とか書かれていたら面白かったのに。**といっても、何も入っていなくとも**棺が黄金の時点でハズレではなく大当たりなのだが。**

それにしても、こんなにひたすら黄金ばかり集めてどうしようというのだろうか。持ち物が全て黄金でできているというのも、そんな都合が良いことではないと思う。

例えば、ある日ツタンカーメンが自分の玉座である黄金の椅子を池にポチャリと落としてしまい、中から出てきた女神に**「あなたが落としたのはこの金の椅子ですか？　それとも銀の椅子ですか？」**と聞かれたとしよう。

そうしたら、仮にツタンカーメンが「僕が落としたのはその金の椅子です」と正直に答えても、**「この欲張りのウソつきが!!!」**と女神になじられて**結局椅子を返してもらえないかもしれないではないか。**金の椅子を取り戻すためには、「いえ、僕が落としたのは**木の椅子です**」と**ウソをつかなければならない**のである。かなり本末転倒な話だ。

なんでも、ツタンカーメンの墓から出てきた財宝を現代の価値に換算すると、一説によると**200兆円**を超えるということだ。

……あんた、200兆円だよ？　**200円じゃないよ？**　200兆円ってどんな数字なんだいったい。その100万分の1でも2億円だ。オレの旅の資金、飛行機代も入れて合計でだいたい100万円だが、買いたいものも買えず、美味いものも食べられずに1年間必死に貯めた大金であるこの旅行資金は、**ツタンカーメンの財宝の2億分の1**である。ここにある財宝分くらいオレが貯金するとしたら、**2億年間働き続けなければならない。**それをこいつは17歳で……うう……（悔し涙）。

しかし当時の人々は、その200兆円の財宝を有効に使っているならともかく、何を思ったか墓に入れて3300年の間**寝かせていただけ**なのだ。なんというもったいないことをしているんだ。もし3300年前に年1%の利回りのスーパー定期にでもしておけば、今頃は利息がついて、元利金合わせて**7000兆円ほど**になっていたはずである。古代エジプト人には、資産運用の重要性を今からでももっと勉強しろと言いたい。

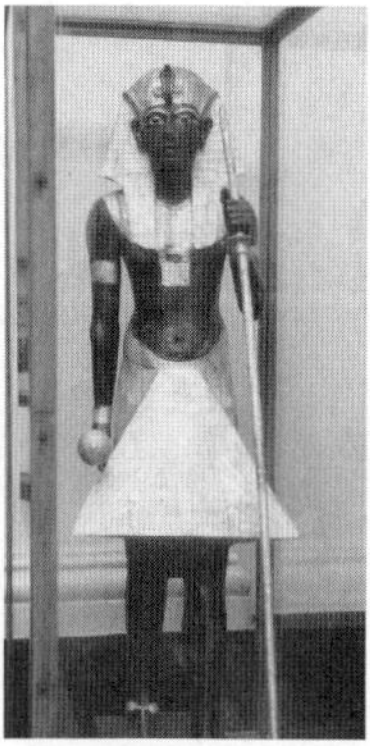

これ（写真）は、ツタンカーメン王の眠る玄室の入り口に立っていた、門番の像である。墓の主である王のミイラや財宝を盗掘者などから守るため、**なんぴとたりとも中に入れてなるものか**と、このように武器を持ってガードしているのだ。

だが、ご覧の通りこの門番も黄金でできている。こんな門番では、盗掘者を中に入れさせないとか言ってる前に**こいつ自身が盗まれるではないか。**

侵入者の立場としたら、別に中に入れなくても門番1体さらって来れば**100億ほどの儲《もう》けである。**もし本気で墓を守ろうというのなら、黄金の門番ではなくてせめて**腐乱死体**でも代わりに置いておけば、まだ泥棒避けになったのではないだろうか。

ちなみに、ルクソールの王家の谷というところにツタンカーメンをはじめ歴代のファラオの墓があり、オレも嬉々《きき》としてあちこちの墓に入ったのだが（墓に入ったといっても死んだという意味ではない）、ツタンカーメンの墓は他の王と比べると格段に狭かった。

そもそもツタンカーメンは王名表からも名前を消されているほどの名もなき王である。だがその小さな墓にすら、200兆円もの価値の副葬品が眠っていたのだ。

残念なことに他の王の墓はほとんどが盗掘者によって荒らされてしまっており、発掘時には空の状態であったという。しかし、ツタンカーメンの何十倍もの規模を持つ他の王の墓には、いったいどれだけ多くの財宝が埋葬されていたのだろうか。その盗掘された莫大《ばくだい》な財宝は、今もまだ世界のどこかに残されているのだろうか……。

というようなことが**よく言われている**のだが、もしかしたら、「この小さなツタンカーメンの墓ですらこんなに財宝があったのだから、他の王の墓はどれだけすごかったんだろうか」**と将来の人間に思わせるために、実は最初から他の王の財宝も全部ツタンカーメンの墓にまとめておいたのではないだろうか？**

本当はあれはツタンカーメンの財宝ではなく**みんなの財宝**で、実は1人1人はたいしたことなかったりして。実際他の王の墓は全部空だったんだし……。やばい、こんなこと言ってると呪われそうだ。

さて、カイロで絶対に外すことができない、これを見ずにカイロを出られるか！　というものは、ツタンカーメンの財宝の他には女性観光客の背中に透けるブラの線と、ギザの3大ピラミッドがある。

ブラの線についてはもはや説明は不要だろうから特にここでは述べない。**後は自分の目で見て確かめてほしい。**だがピラミッドについてはさすがに簡単に済ませるわけにはいかないので、ここで3ページほど割いてそのすごさを説明したいと思う。きっちり書いたから、もし3ページ分なかったり不自然に説明が終わったりしていたら、本の製作過程で悪い奴にカットされたと思ってくれ。

では始めよう。

ギザの3大ピラミッドは、14世紀にリンカーン大聖堂の中央塔に抜かれるまで約4000年もの間**世界一高い建造物**だったクフ王のピラミッドと、カフラー王、そしてメンカウラー王のピラミッドで構成されている。クフ王のピラミッドの高さは、なんと地上147m。

さあ、長くなってしまったので説明はこのくらいにしてそろそろ旅行記に戻ろう。

オレはカイロ市内からバスに乗りギザへ向かった。その古代人類が誇る超巨大な土色の建造物は、カイロを出てからわずか数十分で、窓の外に見える街の背景としてドーーーン！　と姿を現した。

オレの中ではなんとなくピラミッドというのは砂漠の中にポツンと建っているイメージがあったのだが、ビルやアパートなどが並ぶ普通の街の中に、ドカンと４５００年前のピラミッドがそびえているのである。新しいものの中に１つだけ古いものが混ざり、しかし圧倒的な存在感で他を威圧しているこの風景は、**初期のモーニング娘。の中澤裕子を思い出させるものがある。**

実際に下に立ってみると、ピラミッド自体の大きさもそうだが、１つ１つの石の大きさにも驚かされる。この巨大な石を、４５００年前の労働者が**合計２００万個以上**、ソリに乗せ力を合わせてギザまで運んだのだ。いや〜、**ギザお疲れス。**

尚、石１つの重さは３ｔもあるため、運搬時にはソリの前に油や牛乳を撒いて滑りやすくしたらしい。それじゃあ**運ぶ人もみんなツルンツルン滑って進めないだろうに。**これはアホである。

しかし牛乳というのは４５００年も前から飲まれていたものなのか。今でこそ飲み物として定着しているが、人類で最初に牛の乳を飲んだ奴はきっと**変態の中の変態**として扱われたことであろう。おそらく古代のＡＶ男優などが企画の一環としてチャレンジしたのが起源だと思われる。

ところで、先ほどオレは女性観光客のブラの線について少し触れたが（ブラを触ったという意味ではない）、なんといってもここは世界一の観光地。日本から世界から、若い女性観光客がこれでもかっ！　**これでもかっ!!**　というくらい集まっている。予定では、ここでオレも**ＯＬや人妻に合流し、旅先で生まれた恋は激しく燃え上がる**という一般論が正しいことを、身をもって確認するはずであった。

ところが実際はどうかというと、見かける女性は**ピラミッドやスフィンクスばかり見て、オレにはちっとも目を向けてくれないのだ。**オレの方はこんなにも女子たちを**凝視しているのに。**

たしかに、観光をしに来たのだからピラミッドを見上げたくなるのもわかる。それも**一理ある。**でも、**クフ王のピラミッドよりももっと魅力的な男性がこんなに身近にいるのに！**　探している幸せは本当は自分のすぐ近くにあるってこと、**チルチルやミチルが教えてくれたじゃないか!!**　はあ。これだから日本人女性は尻が軽いなんて言われるんだよ……。

さて、日本でも海外でもオレはＯＬに避けられるということがよくわかったが、ここまで来たからにはそれだけでハイ**おつカレーライス！**　さようなら！　とはいかない。きっちりクフ王のピラミッドの中に入って**ピラミッドパワー**を充填しなければならない。

ピラミッドパワーというのは、ピラミッドの形状をした物体が秘める不思議な力のことを指し、例えば中に食べ物を置いておくといつまでも腐らなかったり、切れなくなったカミソリが切れるようになったり、ラブホテルなどではピラミッド型の枠の下にベッドを取り付けておくと誰もが**バイアグラいらず**になるという。

今の中で**1つだけはオレが勝手に作った捏造エピソードだが**、それでもここには何か生命力を活発化する力が宿っているというのは有名な話らしい。

こうなったら、オレもピラミッドパワーを浴びて**男前になってやる**。入る時はただのさくら剛だが、**出てくる時には松山ケンイチになってやる**。太陽系最大のピラミッドパワーを使えば、それも努力次第では不可能ではないはずだ!!　**今に見てやがれよ口しどもがっっ!!!**

盗掘用に掘られた入り口から進入し、7人の小人くらいしか満足に通れるやつはいないだろうと思われる狭い通路を身を屈《かが》めながら下る。その後だだっ広い大回廊を上り、最後に高さ1mくらいの小さな穴をくぐると、いよいよピラミッドの中心となる玄室である。

さあ、オレも玄室でピラミッドパワーを注入、**美男子へと進化するのだ！　そして**

全都道府県に愛人を作るのだ‼

……ん？

なんだこりゃ？　すっげー混雑しているぞ……??

だいたい小学校の教室くらいの広さの玄室には中央に空の石棺があるのだが、なぜかその石棺の周りを50人くらいの白人が取り囲んでいる。なんだろう。白人さんの団体ツアー客だろうか??

しかし、観光客にしてはどうも様子がおかしい。

輪の中心、なんと貴重な石棺の中に小柄な白人のおばさんが1人入り込み、なにやらぶつぶつと**呪文を唱えている**のだ。そしてその前には1人の男が両手を広げて、女から、いや**教祖から**パワーを受け取っているようである。

……これって、**儀式ですね？**　そしておまえら、**怪しい宗教団体ですね？**

一見ごく普通のおばさんに見える、紫色の服を着た教祖のミニ女が信者にパワーを送っているのだが、棺の中で女教祖は**感極まって涙を流している。**

まあ彼らもきっと、遠くロンドンやブリュッセルあたりから（適当）はるばるパワーを得るためにやって来たのであろう。それはそれは教祖信者おのおの方さぞかし感動しているに違いない。

　それにしても、棺の前で泣くこたあないだろうに。だって、そこにクフ王はいません。**眠ってなんかいません。**

　オレはしばらく慎ましく彼らの様子を見ていた。本当は石棺の写真などを撮って元気よく観光をしたいが、フラッシュを焚くのも迷惑だろうし、まあ儀式を邪魔しちゃ悪い。

　部屋の隅で大人しく待っていてあげること10分。相変わらず教祖は呪文を唱えパワーを振りまき、終わる様子はない。まあ宗教儀式って**とっても大切なもの**なので、とにかく団体のみなさんには**集中させてあげなくてはダメ**だ。あと10分待ってあげようじゃないか。

　オレがじっと待っている間にも、日本人含め他の観光客が狭い入り口をくぐって入ってくるが、このような不気味な集団が不気味な姿で不気味な儀式を行っているため、驚いてすぐに出て行ってしまう。みんなせっかく玄室を見に来たのに、かわいそうだな……。

さて、20分経っても一向に状況は変わらない。全信者が石棺を取り囲み、熱心に中央の年増女とのパワーの共鳴を行おうとしている（多分）。これだけの人数がいるにもかかわらずシ――ンと静まり返り、ただ教祖の呟くアホっぽい声だけが玄室の壁に響いているのである。

…………。

これはムカつきますよ。今日はこいつらの貸切になっているというのならまだわかるが、そんなことはなく普通にオレもチケットを購入して入っているのである。他の観光客だってちゃんと別料金を払っているし、このアホバカさんたちと同じようにはるばる遠くからピラミッドを見にやって来ているのだ。オレだって実に遠くから来たよ。**いやいやながらもものすごく遠くからコツコツ移動して来たんですから。**

ということで、オレは儀式に集中するアホボケさんたちの邪魔をしてはいけないと思い、信者の1人の肩を叩き、**なるべく大きな声で質問してみた。**

「あのー、すいません。これ、いつ終わるんでしょうか？」

するとオレが声をかけたおばさんは、なぜだかわからないがとても不機嫌そうに、こちらを向き小声で「アイ、ドント、ノー」と答えた。

知らないって。なんだろう。信者なのにいつ終わるのかわからないのだろうか。

いや……もしかして、**僕の声が小さすぎて質問が聞こえなかったのではないで**

しょうか？

たしかに、日本人が英語を話す時というのは、苦手意識からかボソボソっと実に自信のない喋り方をすることが多い。これはいけない。もっとハッキリと、**間違ってもいいから堂々と話さなければいけないんだ。失敗を怖がらずに自分からどんどん話しかけていけば、日本人だって欧米人と友達になれるんだ。**

ということで、オレは**もうちょっと大きな声で、頑張って腹から声を出して聞いてみた。**

「ハローー！ ハローー！ すいません!! いつまでこの儀式は続くのでしょうか？ 僕も石棺のところに行って写真を撮りたいんですけれど〜〜〜！ ああ〜〜〜はりつめた〜弓の〜〜〜（オペラ調）」

さすがに今度はわかってもらえたのか、信者の数人がこちらを向き、同時に**睨んできた。**

なんか怖いなあ。いやよ、そんな目で僕を見ちゃや。そしてその中の１人、隣にいたジジイがオレに向かって、人差し指を口にあてて**「シ――――！」**とやってきた。

いや、シーじゃなくて!!

いつ終わるのかって聞いてるのにシーはないでしょうシーは！　「ゴーストバスターズ」の冒頭で図書館にいた幽霊じゃないんだから!!

オレも幽霊の真似までされたからにはもう紳士的に話すのはやめて、とりあえず国際人として恥ずかしくないように自分の主義主張を大きな声で述べることとした。

「ハロー!!　ここはあなたたちだけの場所じゃないですよね。パブリックスペースですよね!!」

「あのー、他の旅行者の人たちも迷惑してると思うんですけど。ちょっとどいてくれませんか？」

ピラミッドの玄室は**そもそもクフ王のものでありパブリックスペースではないだろうが、**まあ現代においてはもう観光場所に**なっちゃったので**それも仕方ないだろう。

しかし、せっかくノーと言える日本人を目標に頑張って自分の意見を言ってみたのだが、なんかオレ、**完全無視されている。**これではまるでオレの方が悪人みたいじゃないか。なんだか、**電車の中で暴れる酔っ払いになった気分だ。**本来ならオレはそれを止める電車男の立場なのに。

もう一度、オレは近くの女人《にょにん》をツンツンとつついて聞いた。

「あのねー、何時になったら終わるんですかこれ!!」

すると女は、いまいましそうに「アイ、キャント、テル！」と言い放った。アイキャントテルという言葉を日本語に訳すと、**「おまえいい加減に黙れ」という意味である。**まあ、これ以上1人で騒いでもなんか引っ込みがつかなくなりそうだったので、仕方なくオレは大人しく、彼らのことは無視してしっかり観光することにした。

信者や教祖は**いなかったことにして、**とりあえず信者の間にぐいぐい割り込み石棺に近づき、バシバシと写真を撮った。そこら辺の信者に体が当たるたびに小声で「シット！」「シット！」と聞こえてきたが、**僕は日本人なので英語で言われてもよくわかりません。**

なーんて言っても、さすがに彼らの表情や状況から予測すれば、おおよそどういうことを言っているかは想像がつくけど……。おそらく「シット」というのは、**「かわいいね」的な意味なのだろう。**そんなにかわいいかわいい言われるなんて、もしかして、この人たちは僕のことを大場久美子（1億人の妹）と間違えているのではないでしょうか？　たしかに同じ日本人ではあるけれど……。

輪の中に入り込んでフラッシュを焚きしつこくウロチョロしたせいで、もしかしたら教祖、信者とも気が散ってしまったかもしれませんが、まあ**悪気があってやったわけじゃないので**許してください。

その後もなんか面白かったのでしばらく**意味もなく口笛を吹いて邪魔をし、いや部屋の共鳴を楽しんだりしていたのだが**、儀式が終わったと思ったら今度は信者全員が手をつなぎ、玄室いっぱいに広がってなにやらウ～ウ～と唸り始めたので、さすがに呪い殺されるかと思い怖くなってオレは逃げた。

うーん……。なんだったんだろうあいつらは。オレが出て行った後にピラミッドが崩れて、玄室が埋まって**全員死ぬといいのに。**

結局、オレは世界最大のピラミッドに入ったにもかかわらず、ピラミッドパワーではなく**教祖と信者全員の怨念**にとりつかれたせいで、すんでのところでさくらケンイチには**なれずじまい**であった。このつ、ばか～(横山弁護士風)。

ところで、このように玄室と石棺はあってもピラミッドから王のミイラが発見されたことは一度もないらしく、もはやピラミッドは**墓ではない**というのが定説となっているらしい。ほらね、やっぱりここにクフ王は、**眠ってなんかいません。**

だが発見されなかったといっても、そもそもミイラは復活するために作られたのだし、もともと入っていたけど**生き返って出て行った**ということも考えられるのではないか。復活したファラオも、今は普通にカイロの下町でパピルス屋でも営んで暮らしているかもしれない。そういえば、昨日土産物屋で妙にガリガリなおやっさんを見かけたけど、**もしかしてあの人……。**

オレにとって、何不自由なく1日が過ごせるエジプトは、長い旅の途中のひと時のオアシスであった。しかし、そろそろオアシスから抜け出して、次の砂漠へ踏み込む時だ。今の居心地のよさを自分から捨て、たとえ苦しくても、1日1歩でも前へ進まなければ目標とするゴールへは辿り着けないのだ。人生だって同じだろう。

あ、**今すっごい良いこと言ったねオレ。**かっこいい……。こやつ、ただのニートじゃないな……。

そんなわけでまた旅立つ時が来た。いわゆる「アフリカ大陸」と呼ばれる地域。そこからとうとう抜け出す日がやって来たのである。

カイロのバスターミナル、早朝のバスに乗り、シナイ半島を横切って国境の町を目指す。

そこからはフェリーに乗り、アカバ湾を渡りヨルダンへ。

対岸でフェリーを降りた時、オレはアフリカではなく、中東に立っていたのであった。

ヨルダン側、アカバという国境の町はエジプトだけでなく、イスラエルとも国境を接している。夜、5階建ての宿の屋上に出ると、そのイスラエルの街が見渡せた。

強烈な光を放つ夜景。こんな時間だというのにキラキラと輝く、宝石のような明かりの数々。ここまでキラキラでは、**自分の登場シーンと勘違いしてオスカルが出てきてもおかしくない**。

こ、これは……。

先進国だ。オレは先進国に来たんだ。**野生のインパラもマサイ族もハゲワシもいないけど**、ここには文明があるんだ。**うれしい（号泣）**。

だが、この中東という場所、その先進国でオレは、ワニよりも獰猛でライオンより残虐な生物は人間であるということを、心底思い知らされることになるのであった。

世界史

一度死んで復活したイエス・キリストの墓。ぜひエジプトのミイラに生き返るコツを教えてやってほしい。

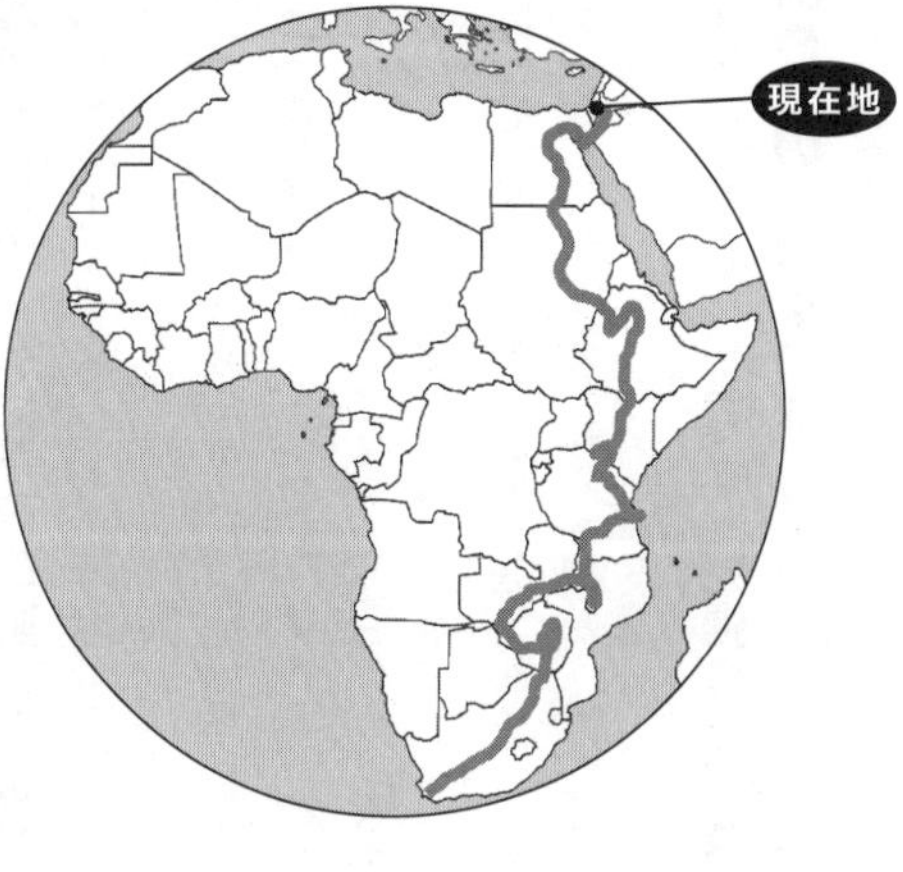

オレはヨルダンの首都アンマンから、イスラエルに向かうことにした。

イスラエル……。

話に聞くことには、このイスラエルという中東の異端児は、なぜか**引退後もことあるごとに部活に顔を出して偉そうに振る舞うOBのように周辺の国から嫌われており**、パスポートにイスラエルの入国スタンプがあるだけで、シリアやイランなどアラブ諸国から入国拒否をくらうほどだそうな。

たかがニート旅行者のオレが中東情勢がどうこう言うのはおこがましいのだが、というかそもそも知識がないので言いたくても**どうこう言えないが**、しかし一体イスラエルのどんなオーラがこの国を孤立させているのか。それをこの体で感じてみたいという大義名分を掲げて、本当はただの好奇心のみでオレはイスラエル行きを決断した。

ヨルダン側のイミグレーションを抜け1時間ほど待つと、外国人用のバスがやって来た。そのバスでイスラエル側まで運ばれるのだが、なんだか国境を越えた途端、他の国と違い**圧倒的に物々しい**。

今までアフリカ大陸で見かけていた貧相な単発ライフルと違って、**見張りがこれを持っていたらランボーも脱出するのを諦めるのではないか**と思うような**ごっついマシンガン**を抱えた兵士が要所要所に立っている。多分ここで暴れたりしたら射殺どころか、精肉屋の店先みたいな**細かい肉片**にされることだろう。今のオレは一応さくらケンイチだが、その瞬間から**ただの肉**だ。

イスラエルの入国審査では、怖い軍人さんに1人ずつ別室に連れ込まれ、上着どころかズボンまで脱がされボディチェックを受ける。この国では爆弾テロが相次いでおり、入国者の持ち物に対しては非常に敏感なようだ。まあオレは脱ぎっぷりの大胆さについては**井手らっきょ先生**を目標としているので、勢いよくぶりんっ!! とパンツも脱ごうとしたところ**「それはいい」**と止められた。

なんでだろう。パンツの中にだって小銃とか隠してるかもしれないじゃないか。もしかしてオレの股間を見て、「そんなちっぽけな膨らみじゃあ何も隠してるわけないよな」とか勝手に決め付けられたのだろうか。**ふざけんなコラ!!　オレはは き痩せするタイプなんだよっ!!**

くそ〜、こうなったら、このオレの**股間の迫撃砲**をテロリストに売り渡してやるからな……。あんまり**弾はないけど……**。

乗り合いタクシーでほんの1時間の距離である古都エルサレムに宿を取り、その夜早速オレは、そのイスラエルの複雑な歴史とやらを、解説本をピラピラめくりなんとか理解しようと試みた。

さて……。なんでも、地中海東岸のこの地域は元々パレスチナと呼ばれており、現在のイスラエルという国は、ユダヤ人により比較的最近建てられた国らしい。イスラエルの建国以前にここに住んでいたのは隣のヨルダンやエジプトと同じアラブ人で、今もこの国に残っているアラブ人のことを、特別にパレスチナ人と呼ぶそうだ。

そもそもの歴史は紀元前11世紀にこの地にイスラエル王国ができたところまで遡り、アッシリアとかバビロニアとかダビデとかヘルツルのシオニズムとか……。

…………。

ソロモン王とかペリシテ人《びと》とかヘルツルとか……

……。

「ね、ねえクミちゃん、こ、この前の話なんだけど。ちゃんと考えてくれた？」

「あっ……先輩……」

「……」

「……あの、わたし、さくら先輩と一緒にいると楽しいし、友達としては好きです。でも、やっぱり付き合うとかそういうことは……。ごめんなさい」

「そうか……。はぁ……。うん。わかった。**ちゃんと答えてくれてありがとう。**じゃあ、これからもまた友達として仲良くしてくれる？」

「それはもちろんですよ！」

「よかった。それじゃまた明日、学校でね」

「はい、さようなら。あ、あの先輩、**受験勉強頑張ってくださいね**」

「おう！　**おまえも部活頑張れよ（世界一虚しい強がり）！**」

ｚｚｚｚ……

……はっ!!!

い、いかん、歴史の話が難しすぎて一瞬にして眠りに落ちていた。なんか妙にリアルな高校時代の夢まで見てたし……。

っていうか、**何が受験勉強頑張ってくださいじゃ〰〰〰っっ!!　適当に励ましてお茶を濁そうとしやがって!!　ていうかオレもフラれて**

るのに「答えてくれてありがとう」とか情けないこと言っててんじゃねえよボケがっっ!! 友達としてって本当に友達として続くわけねえだろうがっ!!! 明日からは学食で話しかけてもよそよそしくされる運命なんだよ!! このアホの勘違い野郎がっっっ!!!!!

ぜぇ……ぜぇ……。

……ああ、なんかリアルな夢だったから自分に対してひたすら憎しみが湧いてきてしまった(号泣)。くそ〜。なんか思い出したら死にたくなってきた。なんてことだ。下手に中東情勢を勉強しようとしたばっかりに……。

だめだ。本を読んでも全然意味がわからん。そんなヘルツルとかしょっつるとか一度にあれこれ言われても、**ガッツ石松が衆院予算委員会を傍聴するようなもんだ。**『週刊こどもニュース』くらいわかり易くしてくれないと、オレの頭には到底入ってこない。

もちろん、オレは決して頭が悪い方ではないぞ! なにしろオレは、マギー司郎の**縦じまのハンカチを横じまにするマジック**の種すら一瞬で見破ったほどの**鋭い洞察力**を持つ男。しかしこのイスラエルの歴史というのは、混沌としすぎてどうにも難しいのだ。

まあいいや。そういう難しいことはこんなホームレスの書いている旅行記ではなくて、文化庁芸術祭参加作品のドキュメンタリー番組とかに任せておきましょう。ニート旅行者にできることは、**旅行者として見たこと、感じたことをそのまま伝えることだけだ。**そうだ。それが大事なんだ（勉強放棄）。

その日からしばらく、オレはエルサレムを基点としてあちこちへ足を延ばした。カモシカのような足を。

エルサレム市内にしろ近郊の町にしろ移動にはバスを使うのだが、このイスラエルのバスというのは、**よく爆発することで有名である（どんなバスだ）。**理由はよくわからないが、時々パレスチナ人がユダヤ人の乗るバスに乗り込んで、**自分ごと大爆発、バスも乗客も木っ端微塵**にするという。ひえ〰〰。

オレはもちろん、その自爆などという現代にあるまじき戦法を取るパレスチナ人の行動は到底理解できなかった。

が、しかし。この後パレスチナ自治区を訪問し、イスラエル軍の横暴そして悪逆非道を目にしたオレは、その理由を２冊の本を読むより深く、体に叩き込まれることになるのであった。

さて、慈悲深さでは他人のような気がしないイエス・キリストの生誕地ベツレヘムの観光を終えた翌日、オレは宿で知り合った日本人旅行者と一緒に、エルサレムから3時間ほどのところにあるパレスチナ自治区最大の街ナブルスの病院を訪れていた。

なぜただの観光客であるオレたちが病院などに来ているのかというと、パレスチナ人である病院スタッフ自ら、町を歩いていたこの小ざかしい若造に「ぜひ来てくれ」と声をかけてきたのである。

なんでも、**ただの観光客にすら見てほしい聞いてほしい、切実な何か**が、彼らにはあるらしいのだ。

そのパレスチナの病院には、学校へ行く途中に足を撃たれた少年や、家で寝ていたら突然ドカドカと入ってきた奴らに撃たれたおじさん、農作業をしていたら**両手両足を順番に撃たれて間もなく死ぬと思われるおにいさん**が入院をしていた。

撃たれた撃たれたって、一体誰に撃たれたの？ と言うと、ユダヤ人兵士、すなわち**イスラエル軍**であるということだ。

な……なにやってんだ……?? てか、なんでこの病院の外科病棟は**骨折の患者より銃で撃たれた人の方がたくさん入院しているんだ……？** これ全部イスラエル軍の兵士が撃ったの？ **なぜ？ ファイ？ テルミーファイ？**

オレたちは患者の家族、撃たれた子供の父親、そして病院のスタッフからこの状況について切々と、それこそ涙ながらに説明を受けた。

パレスチナ自治区というのは、イスラエルによって「ここなら住んでいいことにしてやるよ」と定められたアラブ人の土地なのだが、しかし領土が勿体ないのかアラブ人（パレスチナ人）が嫌いなのか、イスラエル軍はしばしば勝手にその土地に入り込み、「テロの封殺」というお題目を掲げてこのようにひたすら嫌がらせをしているというのだ。

嫌がらせといっても悪口とかいたずら電話とかではなく、**いきなり銃撃**という、通常の嫌がらせのレベルを遥かに超えたものだ。

オレたちがこうして病院のスタッフに招待を受けているのは、たとえ旅行者でも、1人でも多くの人間にこのパレスチナの惨状を訴えたいという彼らの意思によるものだった。な、なんかこれは

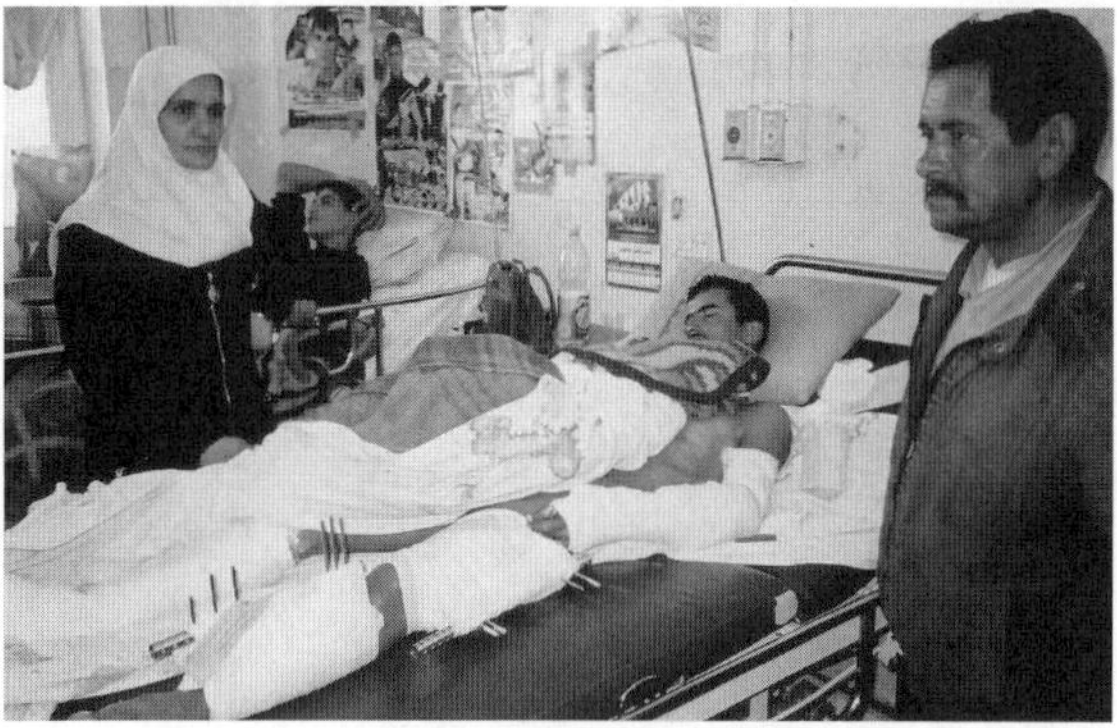

本当にタダ事ではないな……。

もちろん無知なオレたちがわかるのは、あくまでも今目の前にあることだけである。しかしこの部屋で、オレの1m前のベッドで寝ている子供、彼は**スーパーにお菓子を買いに行こうとしたら**、途中でユダヤ人の兵士に**いきなり後頭部を狙い撃ち**されたそうだ。

うーん……。

なんで撃つんだ（しかも子供の頭）？　この国ではお菓子を買うことが**重罪**なのか？　さっきの農作業中に撃たれたおにいさんもそうだ。両手両足＋αで計5箇所も撃たれているのである。両手両足をキチンと撃たれているということは、つまり最初の1発を受けて倒れている彼に、**ゆっくり残り4発を発射した**ということではないか。

彼がいきり立ってユダヤ人に襲い掛かったならまだわかるが、だとしても両手ぐらい撃っておけばもう抵抗できないはず。足だけで何十人と殺せる一子相伝の暗殺拳の使い手ならまだしも、どう見ても**普通のおにいさん**である。片手、もしくは片足を撃たれて血まみれになって転がるおにいさんの手足を、イスラエル軍の兵士は**もう1本、もう1本と順番に撃っていったのである。**

うぬっ……。

ボケーっ！　カス――っっ！

イスラエル軍の人でなし～～～～～っ!!


なんて野郎どもだ……。魂を悪魔に売った人間以外の誰が、一体こんな残酷なことができるというのか。それとも、イスラエルはこのユダヤ人兵士の残虐行為すら正当化できるほどの、長く複雑な歴史というものを持っているというのか。

もちろんオレはパレスチナの人々の一方的な言い分を聞いているだけで、ユダヤ人側の話も聞かずに**ボケーカスー**と叫ぶのはアンフェアかもしれない。しかし、今ここに銃撃によって生死の境をさまよっている人間がいることが事実ならば、彼らを撃った人間がボケでカスなのも逃れようのない事実である。


その後オレたちはその病院のスタッフによって、破壊された街の中へと案内された。商店街を歩くと、だいたい100mに1軒くらいの割合で、ごく普通の建物が**なにげなく破壊**されている。壁が壊れているとかガラスが割れているとかいうレベルではなく、**爆破**されているのである。

ある空き地の前では、「ここにも家があったんだけど、砲撃されて妊娠中の奥さん含め家族8人全員死んだんだ。みんなで死体を掘り出すのにまる2日もかかったんだぜ」と淡々と説明を受けた。

……なんなんだ、この断固として非日常の光景が日常的に語られる風景は。これが本当に現実の世界か。

一応イスラエル軍は、「テロリストの潜伏の可能性」や「テロリストに協力している可能性」という名目のもとに、これらの破壊行為を行っているらしい。

しかし、いくらテロリストという単語を使って説得力を持たせようとしても、「テロ」のために、**家は問答無用でいきなり爆破、通行人は問答無用でいきなり射撃**である。ああそうか、テロを防ぐためか、じゃあしょうがないなあとは到底思えるはずがない。

オレはこの日、**自分の頭で想像できる範囲を超越した理不尽な存在**を、100tハンマーで脳天から力いっぱい叩き込まれたような気がした。この旅がスタートしてすぐに全財産を盗まれた時の、**あの時のパニック**に匹敵するような混乱に、再び襲われたかの

ようであった。

さて、その後オレたちはエルサレムに戻ることにしたのだが、このナブルスの検問の物々しさといったらそれはもう半端ではなかった。検問に向かう人間は、左右にバリケードの張られた歩道に縦1列に並ばされ、1人ずつ数十m先の兵士のところまで歩き身分証のチェックを受ける。しかしその途中にも、**最後のページで「両津のバカはどこいった!!」と殴り込みに来る大原部長くらい重装備のイスラエル兵**がおり、その自動小銃の銃口が1人で歩くオレをずーっと狙っているのである。

それだけでなく、そもそも検問を待っているパレスチナ人と日本人（オレたち）の行列に対して、別のイスラエル兵が、なんかドラムみたいなのが回転して**1秒で30人くらい殺せそうな巨大な重機関銃**をコンクリートの台座に載せ、引き金に指をかけてじっと狙いをつけているのだ。これはもう、**足が震え膝が笑い股間がしぼむくらい怖い。**

こんな本能的に怖いのは、タンザニアのサファリで初めてライオンを見た時以来である。簡単に人に銃を向けやがって……。**このうつけが！　忍者部隊月光も「拳銃は最後の武器だ」と言っておろうが!!**

たしかに検問所は何度も自爆テロの標的になっており、兵士としては不審者を見逃すことは即自分たちの死につながり真剣味は半端ではないのだろう。だがさすがにここまで緊迫していては、もし引き金に指をかけている兵士が**「い〜〜くしっ！」と加藤茶風のくしゃみ**でもしようもんなら、はずみでダダダダダッ！　と**20人くらい殺されそうではないか。**もうちょっと和やかムードを出してもいいのではなかろうか。

この検問は全員が向こう側に抜けられるわけではなく、だいたい2人に1人くらいの割合でパレスチナ人が追い返されて戻ってくる。一度は中年の男性がヨボヨボなじいさんを連れて、「すぐ病院に連れて行かなけりゃならないんだ！　先に通してくれ！」と訴えながら（アラビア語のため想像ではあるが）強引な突破を試みようとしたところ数人の兵士に阻まれ、抵抗するそぶりを見せたところ、**本気で一斉に銃を構えられたため**仕方なく引き返すということもあった。

その、**1秒後に殺人事件が起こる空気**を目撃したオレたちは、もう気絶せんばかりに震え上がり、**楳図《うめず》かずおのマンガの登場人物となり口を開け恐怖の表情に凍り付くだけだった。**

それでも銃を突きつけられた男性は、戻りながらも兵士を振り返り激しく罵倒し怒りの言葉を投げつけている。これは虐げられているパレスチナ人のプライドであるのか、それとも銃口を向けられるということに慣れすぎてしまったのか。いずれにしても、**人間が人間と**

向き合う時に、こんなことがあっていいのか。

その後なんとかオレたちは検問を通過し、エルサレム行きのバスに乗ることができた。しかしところどころで検問のために降ろされ、今度は横1列に並ばされて上着をまくり、一斉に腹を晒《さら》すように命令される。**腹に爆弾を巻いていないか**のチェックである。

たしかにオレの腹は最近プックリ出てきているが、これは爆弾を巻いているのではない。ほら見てみろ、全部脱いでも膨らんでいるだろう？　全体的にはガリガリに痩せてるのにお腹だけがプクっと……これじゃあ餓鬼だよ……って**何を言わすんだてめーっ!!!**

とにかくこのイスラエル軍による検問の、死の気配すら漂うほどの緊張感、なんたるこの国の異常さだ。

さて、エルサレム旧市街すぐ外のオレの宿には、世界各地から白人ボランティアが集まっている。みんな、イスラエルに虐められているパレスチナの人々を助けに来ているのである。

ある日公共スペースでふらふらしていると、「ねえ、キミたちも一緒にガザに行かない？」とイギリス人のお姉さんからお誘いがかかった。

普段女性との交流など皆無なニート旅行者にとって、若い女性から受けた誘いを「いえ、ぼくは忙しいので」と無下に断るというのは**金正日を暗殺するくらいの困難なミッシ**

ヨンである。

そんなわけで、オレと、その場にいたナブルスからの同行者である日本人旅行者のスーさんは、彼女の口車に乗せられパレスチナ自治区であるガザへボランティアの同行をすることになった。

しかし当初はその女の子と楽しく話していたのだが、途中から**ごつい男たち**が何人も登場し女の子と交代、そして「やあキミたち、ガザ行くんだって？ **じゃあオレたちとちょっと話しようか**」と、英語の教材のキャッチセールスにでも引っかかっているような**すごく自然に騙される展開**になったのである。オレたちはアホだ。

結局オレとスーさん＋ごつい男たち＋女子1名で出かけることになり、翌朝早速乗り合いバスでガザ地区へ向かった。

ガザに入った後はタクシーで南へ向かい、エジプトとの国境であるラファという町へ。そこに、彼女たちのボランティア事務所があった。

階段を上がりドアを開けると、たむろしていた若い白人男女が「ハーイ！」「ウェルカム！」「ハウアーユー！」などと実ににこやかに迎えてくれる。**欧米か？**

宿から一緒に来たイギリス、アメリカ、スウェーデン人の**欧米ボランティア組**は、わずか5秒でその**ビバリーヒルズ高校白書**に溶け込み、身振り手振りでペラペラペラペラペラ！　「昨日はジョンのママがお手製のパンケーキを作ってくれたんだぜ！」「ほんとうかいマイク？　オレの分取っておいてくれた？」「はっはっは、もちろんさジョージ！　それより土曜日のダンスパーティ、もう誘う娘は決めたのかい？」「うん……ロレインを誘いたいんだけど……でも、きっと彼女はもうパートナーがいるに決まってるよ」「何言ってるんだよジョージ！　まだわからないじゃないか！　きっとロレインだっておまえが声をかけるのを待ってるはずだぜ！」などと**完全に欧米（というかアメリカ風）の盛り上がりを見せている。**

しーん……。

オレとスーさんが対応できたのは、**最初の挨拶だけであった。**

どこで何をやればいいか全くわからないまま、オレたちは部屋の隅で壁に寄りかかってペタンと体育座りをし、「僕たちどうすればいいんでしょうね」「うん、わかんないね」などと**東洋の言葉**でつぶやきあっていた。部屋にいる10人以上の人間の中で、オレとスーさんの2人だけが笑顔を見せていない。笑顔どころか、**「仲間はずれになった人間というのはこういう顔をする」というお手本のような実に惨めな表情**であったと思われる（号泣）。

おそらく彼女たちの間では、「ねえトレイシー、あの2人どうして連れて来たの？」「うーん、まあ何かの役に立つかと思って。ほら、**弾よけとか**」のような会話がなされていたことだろう。

さて、そのままオレとスーさんは数時間、**その93％の時間を無言で過ごし**、夕方になりそろそろ2人の存在感が究極の薄さに達し**壁に溶け込みかけてきた頃**、やっとエルサレムからのメンバーと一緒に外へ出て、辺りを散歩することになった。

ここラファでも、ナブルスと同じようにいたるところで家がグシャングシャンに壊されている。

ここでは、何の前触れもなくイスラエル軍が戦車やブルドーザーに乗ってやって来て、**家をなぎ倒していく**らしい。人がいようといまいとお構いなしで、何十人ものパレスチナ人が**瓦礫《がれき》に潰されて死んでいる**そうだ。

なんでこいつら勝手に人の家を壊していくんだろうかとみんなで理由を考えたところ、多分国境地帯だから家を壊して見晴らしをよくした方が軍にとっては**何かと都合がいいんじゃないか**という結論に達したらしい（あくまで予想だが）。

そりゃあ都合がいいなら壊したくもなるだろうが、壊す方は楽しくても壊される方は困るし悲しい。そういうふうに相手が感じるということを、**イスラエル軍は知らないのだ**

ろうか？　おまえらはアホか？

ちなみにパレスチナ人＝アラブ人であるのだが、スーダンから続くアラブ人の献身的ともいえる親切は、ここでも全く同様であった。家に招かれお茶を出してくれ果物を持たせてくれ、初対面なのに家族のように接してくれ、これでは誰だって、**たとえ常に中立な立場でジャッジをする山本小鉄でも、パレスチナ人の味方をしたくなることだろう。**ちなみに大物レフェリーであるタイガー服部は、フォークで相手の額を刺している悪役レスラーよりも、**やられている仲間を助けに入ろうとするタッグパートナーの方を注意したりする**ので決して中立ではない。……なに？　余計な話をするな？

途中、小学校の前を通りかかったところ先生に声をかけられ、教室へ招待してもらった。もう生徒は帰宅していたのだが、そこには子供たちが図工の時間に描いた絵が並んでいた。みんなで、これかわいいね、やっぱりどこの国の子供も同じような絵を描くんだね、と和気あいあいと楽しく鑑賞**したかったところだが、**そこにあった1枚の絵には何が描かれていたかというと、**覆面をしたテロリストが、地面に備え付けられたロケット砲に弾丸を装填している絵であった。**

……………。

どんな小学生やねん……。

さすがに日本の10歳児は、自由課題で絵を描かせても**テロリストの絵（しかもまさにテロを実行中）はあまり描かないのではないだろうか（泣）**。この子供たちにとって、イスラエル軍と戦うテロリストがどれだけ身近な存在かということだ。もうほんと**何やってんだよ中東の大人！　イスラエル軍!!　このバカ!!**

いくらイスラエル軍が暴力でパレスチナを抑えようとも、たとえ何人殺して恐怖を植えつけようとも、幼少期からイスラエルに対する闘争心を持った子供たちがこうしてどんどん育っているのである。それを更に締め付けを激しくし、家は壊すわ人は撃つわ、これではどう考えてもテロリストを作り出しているのはユダヤ人の方ではないか。自分たちでテロの種を蒔《ま》いておいて、テロを警戒するといってパレスチナ人を虐待しているのだ。

ちなみに、その日オレとスーさんは、相も変わらず親切なパレスチナ人の家へ泊めていただけることになったのだが、その夜、エルサレムから一緒のイギリス人の彼女に連れられて宿泊先の家まで歩いていると、

ズォオん

という、地底１００ｍから響いているのじゃないかと思うような重低音が、右方向からや

って来た。ファットイズザットと聞いてみると、「あれはボム（爆弾）よ」ということであった。**どこで爆発してるんだよボムはよお……（涙）**。

その夜、オレたちは宿泊先の気のいい青年バハさんの家でたらふく夕食をご馳走になり親切に甘え、しかしあちこちから容赦なく響いて来る銃の乱射音にひたすら怯えていた。

ズパパパパパパパパパパパンッッ!!

「おおおおっっ!!!　また銃声っ!!　ごわいよ〜〜〜（号泣）」

「アーハッハッハ。おい、見てみろよ。このＣＭ面白いだろう？」

「…………。バハさん、よく銃の乱射の最中にテレビ見て笑えますね……」

「そんなこと言ったって、銃声なんか怖がってたら何もできないじゃないか。ほとんど四六時中だし」

「まああたしかにそうだけど。慣れってすごいなあ……」

「ところで、日本人って普段どんなことを考えて暮らしているんだ？」

「そうだねー。まあ普通は局の枠を取り払った好きな女子アナランキングの作成とか、代々木駅前のクレープ屋が3カ月で潰れたと思ったらその店舗に次に入ったのがまたクレープ屋なのは一体どういうわけだろうと小1時間ボケーっと考えたりとかかなー」

「そんなこと本当に普通の日本人が考えてるのか？」

「そうだよ。オレがそうなんだからみんなもそうに決まってるだろ！」

「そうか。疑ってすまんな」

「パレスチナ人はどうなの？」

「オレたちは毎日いつ家が壊されるか、いつ殺されるかということばかり考えているよ」

「…………」

「オレたちはイスラエル軍に自由も命も財産も全て取り上げられているからな。パレスチナ人だというだけで普通の人間が持っている権利は何もないんだ」

「…………」

「パレスチナ人だというだけで、外国に行くこともできない」

「…………」

「パレスチナ人だというだけで、仕事もさせてもらえない」

「…………」

「パレスチナ人だというだけで、この前泊まりに来たボランティアのスウェーデン人に結婚してくれと言ったら断られた」

「…………。いやそれは関係ないと思うんですけど」

「まああまり遅くまで電気つけてると戦車に狙われるから、もう寝るぞ」

「ぎゃーっ!! **今すぐに電気を消してくださいっ!!　というかそれを最初に言ってくれ!!**」

その夜は日付が変わるくらいの時間まで、戦車が走るウォイィイイ〜〜〜〜ンという音や、ランダムに轟《とどろ》く銃声が途切れることはなかった。

翌朝目が覚めると、というより、オレたちは再びズババババババババという**激しい銃の連射音で起床**。しかしババは、全く気にせずにささっと着替えると仕事に出かけて行った。

ちなみに、この近くに住んでいたババのおばさんは、しばらく前に**在宅時に家を戦車に破壊され、降ってきた破片で頭を打って死んだそうだ。**

イスラエルに来てから、毎日のようにニュースではパレスチナ人かユダヤ人どちらかがどちらかに殺されたということを、アナウンサーが喋っている。

あくまでこれは単なる無知な一旅行者の感想であるが、しかしこの無知な一旅行者のオレから見て、暴力の応酬というふうに語られるこのイスラエルとパレスチナの泥沼の殺し合いも、最初に、しかも罪のない市民を大量に殺しているのは、アメリカの援助により世界最強に近い軍事力を持つイスラエルの方である。パレスチナ人は、なけなしの武器で**命がけのささやかな抵抗**をしているだけだ。

ちょいと小耳に挟んだところによると、ユダヤ人は2000年以上前にこのパレスチナの地から追い出され、それ以来辛い流浪の時代を過ごし、ナチスによるホロコーストでは600万人が虐殺されたそうだ。

彼らはパレスチナ人を使って、過去の迫害へのウサ晴らしでもしているつもりなのだろうか？　ユダヤ人は、住処を奪われ自分や家族が殺されるということの悲しさを、他のどの民族よりも身に染みて知っているはずではないか。なのに今では過去に自分たちを迫害した独裁者と全く同じことをしているのはなぜだ??

……ケダモノっ！　**おまえらはケダモノよっ!!**

もちろん、大半のイスラエルの人々、ユダヤ人はきっとしごく普通の人間愛を持っていることだろう（きっと）。しかしごく一部の、心を悪魔に売り渡した一部の悪逆非道変態ユダヤ人が、アラブ人と同じ人間の優しさを取り戻してくれることをオレは願うのである。

素敵な誕生日

イエスの最後の晩餐が行われたという部屋。明日がオレの最後の晩餐なら、実家ですき焼きを食べたい。

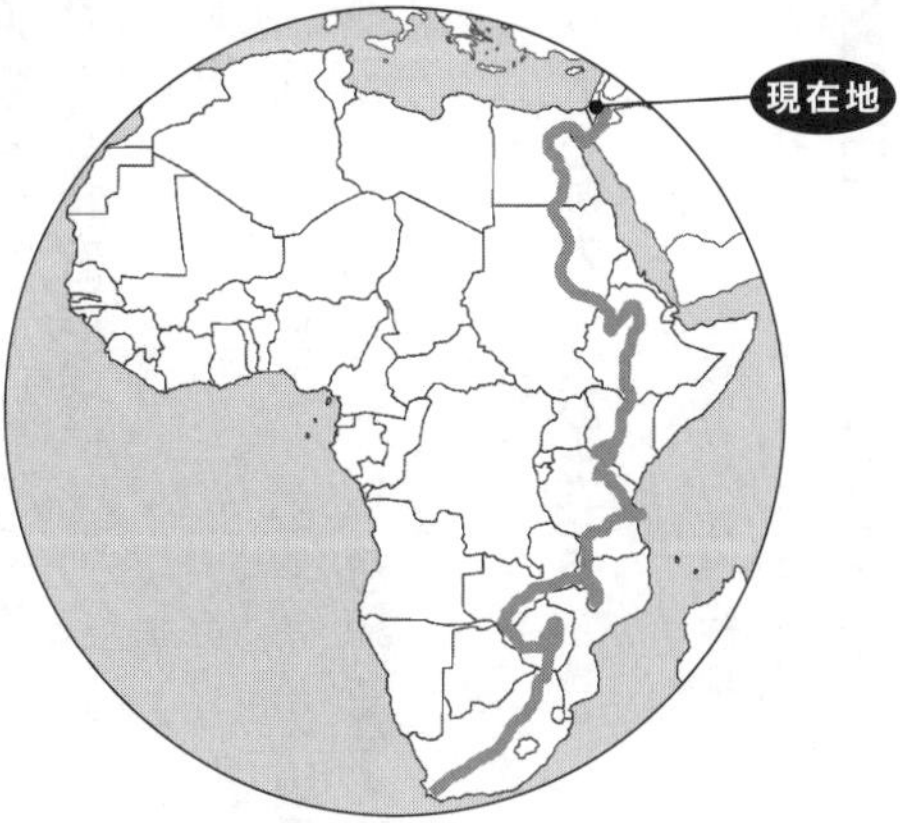

この旅の間、オレは**ほぼ週1ペースで激しい腹痛=下痢に襲われてきた。**

きっと以前の旅行記を読んでくださっている方々は、既にオレの**腹痛マスターぶり**はよくご存じであろうと思う。オレはもし中国拳法に「腹痛拳」があったら、修行に来たジャッキー・チェンに**「下痢になればなるほど強くなる」**という伝説の拳法を伝授する**師匠役**で出演が決まりそうなほど、腹痛については**免許皆伝**なのである。

スーダンの件は言わずもがな、旅の初夜から南アフリカの宿のトイレで苦しみ、ジンバブエ国境へ向かうバスで悶絶し、マラウィで唐突に腹が叫び宿までほふく前進し、タンザニアで命からがら辿りついたレストランの厠《かわや》にこもり、ナイロビでサファリの帰りに**腹痛我慢記録の自己ベストを更新**し、青ナイル滝の帰りには漏らす寸前で**意識をなくす一歩手前まで耐えた。**

一説では、もしオレが旅の間に襲われた全腹痛の苦しみを正のエネルギーに転換したら、**大型タンカーが横浜から敦賀まで航行できる動力が生み出せる**と言われているほどである。

しかし、その食中毒以外の各腹痛については今まで何も書かなかった。苦しんだことは他人に伝えてこそ、書いてこそ報われるものだが、あえてオレは書かなかった。なぜならば、腹痛の話ばかり書いたら、**旅行記ではなく闘病記になるからである。**

だが、所詮今までの腹痛は**今日の出来事へのプロローグにすぎなかったのかもしれない。**

いや、腹痛だけではない。この中東での27歳の誕生日のことを、どんなに年老いてもオレは忘れることはないだろう。たとえアルツハイマーにかかって自分の家族のことすらわからなくなっても、「おじいちゃん、27歳の誕生日に……」と言われたら**「その話はよせ！」**と逆上して**孫をベランダから投げようとするだろう。**そしたらきっと嫁は**「おじいちゃんと別々に住むか私と離婚するか、どっちか選んでよ！」**と旦那に迫るだろう。

そんなわけで**おはよう！　みんなおはよう！**

再び戻って来た神聖なエルサレムで迎える今日は、**オレの27回目の誕生日だぜっ！**

ヘイっ！　ヘイヘイっ！　そこの彼女！　**ちょっと祝ってかない？　一緒に踊らない？　そして一緒に作らない？　甘く激しい思い出を。**

ゴロゴロロゴリョリョロロ……

はあうっ！

うおおごごごおおお……

なんだこりゃぁ……は、腹が……腹が暴れている……

オレは起床した瞬間から（いやむしろ睡眠中から、）ピーター・アーツにボディを150発ほど殴られたような、**すっかり恒例の（号泣）**腹の激痛を覚え、朝も早よから宿のトイレに日本赤軍のように頑強に立てこもった。幸い先進国だけにまともな洋式トイレだ。

しかし海外で初めて迎える記念すべき誕生日だというのに、スタートから激しい下痢である。なんか**基本的に祝われていない感じ**ではないか。なぜだ。ここ数日間のパレスチナでのへんな疲れのせいだろうか。

今日は、再度スーさんと一緒にパレスチナ自治区、今度はナブルスより50㎞ほど北にあるジェニンという町へ行くことになっている。

うーむ。これはどうしたものか。大丈夫かな腹……。まあ全部**シャバシャバーっと出しちゃったから**、多分もう出す物は残ってないと思うんだけど……。

「さくらくん、おはようございます」

「おはようございますスーさん。今日ぼく誕生日なんですよ」

「あ、そう。それはおめでとうございます。じゃあもう行けますか？」

「そうですね。なんか腹の調子が悪かったんですけど、さっきトイレ行って来たんで……」

ゴロゴロロゴリョリョロロ……

「はあうっ!」

「だ、大丈夫ですか?」

「うああ……す、すいません、**ちょっとビチビチ出してきます!**」

「きたないなー(怒)」

オレは再度鬼の形相でトイレに雪崩《なだ》れ込んだ。便器に座り手は胸の前に抱え頭を膝につくくらいまで折り曲げる、かの有名な**「耐える人」のポーズ**である。**うめき声も忘れちゃダメだ。**腹痛もオレくらいの熟練者になると、もう本当に本当に辛そうな、見る者が同情の涙を禁じえない芸術的辛さを醸し出すことができる(現実に辛いし)。もしこのシーンを撮影して韓国映画にしたら、**「500万人が泣いた!」というキャッチコピーが付くに違いない。**

しばらくオレはシャバシャバー(擬音)っと、シャバダバシャバダバー♪　シャバダバシャバダバー♪　と下痢の妖精たち(液状)を便器に滑り込ませながら苦しんでいた。こんな体調で、ジェニンまで片道だけでも数時間の日帰りの旅が耐えられるのだろうか？　今日はゆっくり休んでいた方がいいのでは。でも1人ならまだしも、スーさんと約束してるからな……。お腹痛いから明日にしましょうなんて迷惑だよな。

悩みどころだが、2回もシャバっと出してるし、さすがにもう下痢も止まるんじゃないか。熱帯地域でも、**激しいスコールの後は必ず太陽が顔を出すじゃないか。**よし、ここは念には念を入れて、薬局で手に入れた必殺下痢止めを飲んでおこう。アフリカの下痢止めは**アスワンハイダムの仕組みを利用して作られているのではないか**というほど強力に濁流をせき止めてくれるからな……。

オレとスーさんはまず乗り合いバスでエルサレムから一番近いチェックポイント（検問所）まで行き、さらにバスを乗り換えて、何度も途中で降ろされて腹をめくらされ爆弾チェックを受けたりしながら（自爆しないっつーの！）、2時間ほど北上しジェニン地区へ入った。

オレたちはとりあえずすぐにタクシーと交渉して、過去に事件のあった市内のめぼしい場所を回ってもらうことにした。運転手は気前のいいアラブ人のおっさんで、他のパレスチナの人々と同様イスラエル軍の横暴を訴えるのにはとても熱心だ。この地域は2002年に戦車やヘリ、戦闘機まで投入した大量破壊、虐殺が起こったところである。市内の道路はその爆撃の影響で、陥没だらけだ。

そこかしこの道でイスラエル軍が幅を利かせており、道路が封鎖されているためオレたちは何度もUターンをするハメになった。くそ、鬱陶しいなあ……。

しばらく市内を回った後、おっさんの運転で町外れの記念碑を見に行くと、その数十m先ではやはりイスラエル軍が道を封鎖していた。迷彩服で重装備のユダヤ人兵士どもが意地悪そうにたむろしている。うーん、ここもダメか。

「おまえら残念だな。もう先に進めないから、町の方へ戻るぞ」

「はい。仕方がないですね」

そう言って再度Uターンをし、来た道を戻ろうとした時。後ろから何か声が……

「⊂ʕ三※×дО$□△_※ИЧКК□!!!」

なんだ？　誰が叫んでいるんだ？

1人で後部座席に座っていたオレがリアウィンドーごしに振り返ると、ごっついマシンガンを構えたイスラエル兵が、怒鳴りながらこちらへ向かって走って来るのが見える。うーん。

なんか、**やばくないすかこれ？**

そのまま兵士はスーさんの座る助手席の横まで駆け寄って来た。そして、「⊂ᔑ三※×Д○ꝟ□▷―※ИЧКК□！」とヘブライ語で叫びながら、**開いていた窓から銃を突っ込んでオレたちを撃とうとしている。**

オレは椅子から転げ落ちた。

おいおいおいおいおいおいおいおいおいおいおいおいおいおいっっ!!

ちょっと待てえっ！　兵士っ!!　なんもしてないじゃんかオレたち!!　人類みな兄弟じゃんかっ！　ほら、オレたちもキミと同じように、手も2本、足も2本生えているよ？　似てるでしょう？　同じ霊長類でしょう？　そおいう、そお〜ゆうことはやっちゃいけないと思うな。見ればキミはまだハタチくらいの立派な青年じゃないか。人生を誤っちゃいかんよ。どうかと思う。そんなに人にむやみに銃を突きつけるのはどうかと思うよおじさんは。ね、ほら、オレ今日誕生日なの。奇遇でしょ！　ねえ、誕生日だっていうのにそんなライフルを向けないでよ。逆に祝福してよ！　銃じゃなくて「おめでとうっ！」て言っ

てよ！　もしかしてこれあれ？　引き金を引くとパンっ！　って銃口から万国旗とかが出てくる仕掛け？　サプライズパーティ？　わかった！　これあれでしょ。ドッキリでしょ！　このあと小野ヤスシレポーターが登場するんでしょ⁉

この瞬間、体はシェ〜の形で固まりつつ、オレの周囲に流れる時間は**星飛雄馬の投げた球がバッターボックスに到達するまで**のような、1秒を1時間に感じるほどの**超スローモーション**になっていた。

しかし、強気なのはパレスチナの熱い血を持つ運転手のおっさんだった。銃口を向けられても、ほとんど動じずに**「こーの若造がっ！」**と兵士に怒鳴り返している。たしかにそうだ。よく考えりゃこっちはタクシーで道を走っていただけで、いきなりいわれもなく銃を突きつけられているのである。怒っていい立場じゃないか。普通兵士じゃなくて、**こっちが怒る方である**。まあ、**たとえ国際司法裁判所で「今キミたちは怒って当然である」という判決が出ようともオレは絶対に怒鳴り返さんけどな（涙）**。

だいたいなあ……、**ビビリすぎてうめき声さえ出ねえんだよ‼**

しかし、運転手さんはさておき、ほとんど銃口が体にくっついている、**兵士がちょっ**

と人差し指に力を加えれば人生が終焉を迎える状態にいるスーさんも、妙に冷静であった。いや、冷静というよりも、むしろ銃を突きつけられるという状態があまりにも現実離れしているため、これが危険であるという実感もなかったのではないか。

正直、オレもちょっとそんな感じだった。銃で撃たれたら痛いのかとか、**そういうのよく知らないし。**『太陽にほえろ!』の刑事も、1発撃たれたくらいなら**8時48分には完治してたし。**別に怖くないんじゃないの銃なんて?

権力と武力で増長したユダヤ人の若造は運転手に銃口を向け、何やら激しく怒鳴りながら要求している。てめーそれをこっちによこせ! と叫んでいるようだ。さすがにいざとなったら容赦なく発砲されるということをパレスチナに住むおっさんは知っているようで、仕方なくエンジンを止め、キーを抜いて兵士に差し出した。そして、若造はキーをひったくると、ようやくライフルを引っ込めそのまま他の兵士のいるバリケードのところまで戻って行った。

しーん……。

そしてオレたちはその場にポツンと虚しく取り残された。だってキーがないんだから。道の真ん中に、ただの鉄の箱と化したタクシーと、その中に運転手とオレとスーさんの3人。**特に会話もない。**

10分20分経つにつれて、しかしなんとなくオレは我に返り腹立たしい気持ちになってきた。後ろを見ると、さっきの兵士は仲間とニヤニヤしながら無駄話をしている。うぬ……**どう考えてもこれはただの嫌がらせではないか。**

オレたちは三者三様三々五々、四方八方に向かって暴言を吐いた。おじさんはタクシーを捨てるわけにはいかないし、オレたちもおじさんとタクシーを見捨てるわけにはいかないし、そもそも道も知らんし距離もわからんし歩いて帰れるもんじゃない。このままあの愚者の集団であるイスラエル軍におちょくられじっと待っていなければいけないのか。泣き寝入りし続けなければならないのか。

……いや。

オレたちは、**戦わなければならない。**

弱い者には、弱い者なりの感情、そしてプライドがあるのだ。意味もなく銃を突きつけられ脅され愚弄された人間が、どれだけ怒りを覚えているかということを奴らに知らせなければならないのではないか。

黙っているのは、困難から逃げているのと同じだ。こんな非道な扱いを受けても抵抗もせずにただおびえるだけでは、**自分の存在を自ら否定しているようなものではないか。**

鼠だって、追い詰められたら猫に立ち向かっていくじゃないか！　**こんなユダヤ人の言いなりになるくらいなら、死んだ方がマシだっ！　このまま惨めに沈黙を守るなんて、男としてそんな情けないマネできるわけねえんだよっ!!!　なんてりりしいことを言ってみたくはあるけれど、なかなかそう勇気が出ないのが現実ざますわねえ。**

だって……あいつらマシンガンとか持ってるんだもん……。怖いでしょ？　**あなたただってマシンガン怖いでしょっ（涙）!!**　はっきり言ってオレは少々の理不尽と自分の体を比べたら、**自分の体の方がかわいい。**ああ、なんで～こんなにかわいいのかよ～♪オレという名の～たから～もの～～～♪

とか言っている間にだいたい1時間近くボケーっとキーのないタクシーで過ごしただろうか。ふと見ると、さっきのカスがこちらに向かって何か言っている。そして、そいつは持っていたキーを下手でポーンと地面に向かって投げた。土の上に転がるタクシーのキー。

運転手のおっちゃんは車から出て、地べたから若造が投げたキーを拾いあげ、再び戻って来た。やっと**嫌がらせタイム**は終了したようだ。

……（ワナワナ）。

……なんつ～～～態度なんだこいつら～。

おまえらだって一応お父さんもお母さんもいるんだろうがよ！　年長者の運転手さんをもっと敬わんかっ!!　キーを地べたに投げて拾いに来させるとは何事だっ！　おいこのクソ兵士が！　てめーだよコラ!!　やるんならやってやるぞオラ!!　来いっ！　かかって来いよっ!!　矢でも鉄砲でも持って来やがれっっ!!!

……いや、矢とか鉄砲ならいいけど**マシンガンはちょっと**。すいません。

しっっかしこのイスラエル軍のクズどもが～。こいつら絶対に自分たちが世界で一番偉いと思っていやがる……。ユダヤ人兵士と比べたら、大橋巨泉や和田アキ子ですらめちゃめちゃ謙虚な人に見えてくるぞ……。

やっとのことでタクシーは復活し、オレたちはなんとか町まで戻ることができた。

とはいえ、何事もなくてよかった……。本当に焦ったぞ。これもしかして、やっぱりスーさんと運転手さん、兵士もグルでオレの誕生日のサプライズを仕掛けてくれたんじゃないの？　もしそうだとしたら、

サプライズさせすぎなんだよっっ!!

ゴロゴロロゴリョリョロロ……

…………。

さて、ジェニンから出るため乗ったパレスチナのバスは、道なき道、いや、**道なき道もなき畑の中**を転がるように走っていた。普通の経路を行くと例によって変態のイスラエル軍が意地悪して通してくれないので、こうしてチェックポイントを避けるため枯れ木をなぎ倒し、畑の中、山の中を突き進んでいるわけだ。

ゴロゴロロゴリョリョロロ……

はあうっ！

うおおおっ……ちょちょよによによによおおおおお……。

朝飲んだ下痢止めの効果は、ここにきて**完全に切れつつあった。**午前中はアスワンハイダムほどの頑強さを見せたアフリカ製の薬も、このバスの**直下型の激しい揺れ**に見事に瓦解し、今ではオレの腸は**下腹部のスエズ運河と化して、あらゆる船舶の通行を**

許している。下痢だけに運行も許している（シャレだよ）。最後の最後に水門として立ちふさがっているのは、**オレの尻の筋力だけだ。**

今オレの腸の中にある下痢の液体は、**味こそ違えど**コーラのようなものである。コーラの入った缶を強く振ると爆発するように、オレの腸を強く揺さぶったら何が起こるかは**みなまで語らずともわかるであろう。**ある意味**小規模な自爆テロ**である。

ぐううぅあっ……むむむ……こらえろ……こらえるんだ……!!

いかん。ここで漏らすわけにはいかん。こんな満員のバスの中でブリャブリャっ！　とちびってしまったら、パレスチナの人々に対する**恩をテロで返すことになる。**それじゃあイスラエル軍に勝るとも劣らない嫌がらせではないか。だめだ〰〰だめだ出しちゃダメだ〰〰〰あはぁ〰〰〰。**がくん（バスが揺れた音）ズボッ（そして隣のおっさんの肘がオレの横腹に命中）**

はあおはあぁぁっ!!

おお……うおおお……もう……もうだめ……。

バスの最後部に座っていたオレは、とうとう隣のにいさんに助けを求めた。

「うう……おねがいします、おねがいします、おなかが痛くて死にそうなんです〜〜〜どうか、どうか止まってくれるように運転手さんに言ってもらえませんか〜〜〜（号泣）」

「お、おお、そうか。**おーい！　日本人が下痢だから止まってほしいって言ってるぞ！**」


ドヤドヤドヤ……


にいさんが叫んだ瞬間、バスの中は**苦い笑いに包まれた**。オレの腹痛でパレスチナのみんなに少しでも笑顔をプレゼントできたら本望だが、しかしそこに生まれたのは爽やかな笑顔ではなく**どんよりとした笑い**であった。でも一応みんながこっちを見たので、オレも照れ隠しに顔を歪ませてえへへと笑った。

…………。

そして、**ノンストップで走り続けるバス**。

……なんだろう、オレの命がけの訴えは、**つまらんジョーク**だと思われたのだろうか。**だからみんな義理で笑ってくれたのだろうか。**

いや、別に笑いとかいらないんだって。もうほんと、現実に痛いんだって。**見りゃわか**

るでしょうが!!　もし演技でこんな表情できてるんだったら、今頃ニート旅行者じゃなくて演技派二枚目俳優になってるんだよ!!　うあ、あああうおお腹が〰〰腹が痛い〰〰漏れるよおおお〰〰〰〰ズシンズシン（容赦なく揺れるバス）

そのままオレは数十分を耐えた。いや、実際は数分だったかもしれないし、数日間だったかもしれない。オレもかつて幾度と無く自分との戦いを繰り広げてきたが、**これほどまでに自分が強敵だと感じられたことがあっただろうか。**

はやく。はやくトイレに。いや、トイレのことを想像しちゃいかん。**頭の中にトイレを思い描くだけで尻が反応して排泄しそうになってしまう。**助けて〰〰助けてくれ〰〰〰〰!!　誰か〜助けて〜！　この腹痛を止めてくれたら、**電撃ネットワークと一緒にステージに立ってもいいから！　サソリとかドライアイスなんて喜んで食うから!!　だから頼むから止めてくれっ、腹痛を止めてっ!!!**

ようやくバスは山道を抜け、小さな町に入った。オレとスーさんはこのバスで終点まで行かねばならないのだが、しかしもうオレは十分戦った。ねえちゃん……オレ、疲れたよ。**もう、ゆっくり休みたいよ。**

「スーさん、スーさん〰〰」

「だ、だいじょうぶかいさくらくん……」

「スーさん。ぼくの、この荷物をスーさんに託します。あとは、1人で行ってください。

ぼくはもう歩けません。もう進めません。でも、ここまで一緒に来られただけで、ぼくは満足です」

「え、なに言ってるの」

「スーさんとパレスチナで過ごした数日間、楽しかったです。どうか、振り返らないで。笑って別れましょう」

「………」

町の交差点で数名の乗客を降ろすためバスが一時停止した瞬間、**オレは真空を貫く閃光となって、パレスチナ人たちの目にいくつもの残像を残し時空を超越したスピードでバスから降りた。**

目の前には、八百屋さんがあった。

「こんにちは八百屋さん。早速ですが、**お腹がいたいのでトイレを貸してください**

（地の底から湧き上がる叫び）」

「おっ、おお。奥にあるから使いな……」

オレは野菜も買いもしないのに、**全てを蹴散らしイスラエル軍のメルカバMk4**

戦車にも匹敵する勢いで八百屋に突入した。中東式トイレのドアを開けながらベルトを外し、ズボンを脱ぎ終えるかどうかの瞬間に尻の筋肉は力を失い、**濁流は橋げたを呑み込んだ。**シャバシャバシャバ（以下略）〜〜〜〜〜

……おおあああああ〜〜〜〜〜〜〜〜っっ（勝利の雄たけび）!!

あはぁっ……はぁ……はぁ……。

オレの視界は白くぼやけ、強く自分を持たねば思わず**意識が飛びそうであった。**しかし、オレはやったのだ。**決して、決して負けなかったのだ!!**

腸と尻の思いのたけを全てぶちまけた後も、オレはしばらく放心状態で尻出しのまま呼吸を荒らげていた。5〜10分ほど、先ほどまでの苦しみを走馬灯のように思い描きながら幸せを噛み締め、それからパンツをはいた。トイレから出た時のオレは、入室時とは全く違う、生き生きとした生命のパワーに溢れる姿だったことだろう。**「男子三日会わざれば刮目《かつもく》して見よ」とはよく言ったものだ。**

男子として武士の本懐を遂げたオレは、丁重にパレスチナの八百屋さんにお礼を言った。

すると、トイレを貸してくれたおやっさんは、**東京都迷惑防止条例に引っかかりそう**

なハタ迷惑なオレに、にこやかに応えてくれたばかりか、「これ持ってけ！」と売り物のミカンを持たせてくれたのである！

な、なんという素敵な人々なんだ……（号泣）。ううう……こんないい人たちが……なんでこんな人たちが迫害されないといけないんだ……（涙）。

プップー！

感動もそこそこに鳴らされたクラクションで我に返ると、今度は正面でオレの乗っていたバス、そしてスーさんと運転手が手を振っていた。ぐううう……（号泣）。こ、こんなオレを、こんな下痢なオレを待っていてくれたなんて……！　あんたたち……あんたたちは……ほんとに、**大馬鹿ヤロウだ‼　でも……大好きだぜっ‼**

さて、ひと通り泣きはらし心身ともに実にスッキリしたオレは、スーさんと運転手とみんなでミカンを食いながら、りんごもバナナも食いながら、一路目的地のチェックポイントを目指した。まさか、また彼らと一緒に旅ができるなんて。こんな素晴らしい仲間と一緒なら、どんな冒険が待ち受けていようともオレは怖くない。きっと、**空だって飛べる**。

「さあ日本人。この先をまっすぐ２００ｍくらい歩くと軍の検問があるから。オレが協力できるのはここまでさ。じゃあ元気でな」

「ありがとう！　運転手さんも元気で！」

オレとスーさんが降りると、マイクロバスはそのままUターンして帰って行った。本当にありがと～(涙)。さあ、だがここからはまた気を引き締めねばならない。すぐそこには、テロリストを警戒し命がけで検問を実行中のイスラエル軍がいるのである。

オレたちの歩く道は畑に囲まれており、周囲に建物は見当たらない。しかし運転手の言うとおり、たしかに前方に兵士の姿がチラチラと見え、検問所のボックスもある。ここでは、**怪しまれるような動きは絶対に避けなければならない**。下手したら命に関わる。

…………。

ゴロゴロロゴリョリョロロ……

はあうっ!!

「うおああっ！　おっ、おなかがっ！　ああはぁ～～～っ(号泣)!!」

「ま、またかい?」

「あああっ……」

「だ、だいじょうぶ……?」

いたい～～～いだいよ～～～～っっ(涙)。さっき、さっき出したばっかなのに!!　シ

ヤバシャバ〰〰〰っと軽快に噴出しまくったばっかなのに‼　**うおぅっ（泣）。うああああっ！　ぐあっ‼**

何度も何度も「これで治ったぞ！」と安心しても、いつの間にかまた不具合に巻き込まれている悪魔の腹。腸に棲む鬼が、怒りに震えて金棒を振り回し暴れている。**痛いっ！　あが〰〰〰ごおうが〰〰腹が〜腹が痛い〰〰〰〰〰ああっっ（号泣）‼**

オレは咄嗟に優しい八百屋さんを求めて周囲を見渡した。しかし、辺りにあるのは畑と草むらのみ。なんとか軍の慈悲にすがり検問所でトイレを借りるという手もあるかもしれないが、もはや今回の泥流は、チェックポイントまで数百mを歩くという行為を許してくれるほど生易しいものではない。よしんば辿り着いたとしても、ユダヤ人のことだ、ボディチェックが終わるまでは決してトイレには行かせてくれないだろう。確かにそうだ。腹が痛くて**おもらし寸前だから**という理由で特例を認めていたら、**下痢のテロリストは検問通り放題だ。**

それに、もし兵士にチェックを受けている最中に耐え切れずビチャビチョ――ッ！　と暴発してしまったら、**化学兵器を使ったテロリストと判断される可能性が高い。**1972年、テルアビブ空港で銃を乱射した**日本赤軍の奥平剛士以来の日本人テロリスト**になってしまうではないか。

違うぞーっ！　テロリストじゃない!!　オレはテロリストじゃない！　強いて言えば下痢《げり》等《ら》だ!!

ともかくオレの腸は悲鳴をあげていた。尻の筋肉は、バスの中での戦いで**既に力尽きている。**もうダメだ。ああ、**もうダメだ。**この先また自分との戦いを繰り広げる気力と尻力など到底残っていない。ぐぐぐ……うおおおっ、腹が痛いっ！　うあああああっ！　**腹が痛いよ～～～～～～～っ!!　もう漏れる！　もう漏れるっっ!!**

……残された手はひとつ。

オレはバサッと体を翻し、**気合と共に草むらに飛び込んだ。**そして道にいるスーさんと、検問所のイスラエル軍からなるべく死角になる場所を1秒で探し、**2秒目には屋外露出を始めた。**ズボンとパンツを一緒に持って一気に下ろす。**ひんやりとした中東の風が、尻を撫でていく。**そしてオレは、**痩せたパレスチナの大地に潤いを与えるように、まだ腸内に残っていた謎の液体をシャシャシャシャシャ～～～ッと放出したのである。**

…………。

たのむ……イスラエル軍に見つからないでくれよ……。**検問の直前で突然怪しい動きで茂みに駆け込み隠れてなにやらやっている人間**を、もし検問所の兵士が発見したら**射撃の的間違いなし**である。いやだ。こんなところで排泄物にまみれて銃殺されるのはいやだ。せめてパンツをはかせてほしい。**死ぬのなら尻だけは隠させてほしい。**

ふと下を見ると、恐ろしい毛虫がズボンを這って太ももの方へじりじりと向かって来ている。うお……くそ、毛虫ごときにっ!! 屋外排泄中じゃなかったら毛虫ごときに翻弄されるオレじゃないのにっ！ ぐおっ！ ぬおっ!! 毛虫っっ!!

………。

今日オレ誕生日なのに……（涙）。

腹痛マスターは、旅の七つ道具であるトイレットペーパーは常にリュックの中に携帯している。よってオレは、葉っぱで拭くような素人がやる愚かな後処理はせず、ふんわりと肛門に優しいペーパーで、**きちんとお尻をぬぐった。**水分がつかなくなるまで**何度もぬぐった。**

どうやら、兵士にも地主にも近所の子供にも見つからなかったようである。見つかったのはせいぜい毛虫くらいだ。しかしおろかな昆虫ごときは、オレの醜態を他人に伝える言葉など持っていないはず。この本もどうせ200部くらいしか売れないだろうし、あとはスーさんさえ口止めしておけば、**この歳で草むらで大便をしたという事実は永遠に闇に葬られることであろう。**よかった誰にも知られないで……。

そして、オレは何事もなかったように、**一切の隠し事がないかのように**清々しい顔で検問に向かった。「おまえらこんなところで何やってるんだ？」という兵士の鋭い質問には、バスの運転手さんから受けていた助言、「トポスの町に、有名な教会を見に行った」ということで切り抜けることができた。先ほどオレが駆け込んだ八百屋さんがある町は、親切な八百屋さんだけでなく、由緒ある教会で有名な町だったそうな。

本来オレたちがいたジェニンという場所は、基本的に外国人が立ち入ってはいけない地域らしく、正直に答えると後々やっかいなことになるそうなのだ。

さて、無事検問を抜けたオレとスーさんだったが、しかしその向こう側は、これまでと変わらない普通の畑が続く景色だった。うーん……。どうやってエルサレムまで帰ればいいのだろうか。

軍のチェックポイントを抜けたとはいえ、このあたりはまだパレスチナ自治区である。ユダヤ人の住む先進国イスラエルと比べて、かなりの田舎だ。とりあえずオレとスーさんは、そのうち何か（どこでもドアとか）が登場することを期待して前向きに歩くことにした。もう午後5時を回っており、多少不安はあるものの……。

…………。

相当な距離を歩いた。

登って下って登って下って、通り魔のようにヒタヒタと歩いた。

今見えている丘を越えれば、町があると思って頑張った。次こそは、次の丘を越えればバスターミナルがあると信じて歩いた。しかし、歩いても歩いても、町どころか建物も出てこない。むしろ、徐々に道は上り一辺倒、そう、**今日のオレの下品度とは逆に上り一辺倒になっていき**、オレたちはなんとなく山の中に紛れ込んでいっていた。

人間見知らぬ土地で道に迷い、太陽が沈みだすと基本的に不安の波に呑まれるものである。しかも寒いとなおさらだ。時々車は通るのだが、歩いても歩いてもバス停もタクシー乗り場もない上に、風はどんどん冷たく吹いてくる。

で、このまま歩いても、こりゃあさすがになんもないんじゃないの？　ちょっとやばいよねこれ、という感じになってきたので、ここでオレたちは、初の**ヒッチハイク**を決行することにした。ここはキデイランドのようにみんなが優しいパレスチナだ。きっと簡単に止まってくれるに違いない。

そう期待して、たまたま後方から来た軽乗用車に「うぉーい!!」と叫んで手を挙げるのだが……。

「(運転席の窓を開けて)おー、おまえら、どこに行きたいんだ?」

…………。

本当に簡単に止まってくれます(涙)。

やっぱりパレスチナ人の優しさは半端じゃありません。あまりに簡単にヒッチハイクに成功するので**この部分は旅行記では使われないのではないか**と心配になるくらい、あっさり止まってくれます。**まあ書いてるのが自分だから使うけど。**

残念なことに彼らはみな近場に行くだけで(そもそもパレスチナ人は自治区から出られない)、何度も乗り継ぎをすることになったが、はっきり言って通過された車より止まってくれた車の方が多かったくらいである。しかも走っている途中に「おまえたち、金持ってないのか。オレもそんなにリッチじゃないんだけど、このくらいなら……」と言って**お金をくれようとしたおじさんまでいたほどだ。**ああああ(号泣)。

……さて、数台の車に運んでいただき最後に降りたのは、しかしまだ名もなき山の中であった。既に日は暮れており、夜風が強烈に冷たい。これは**かなり泣きそうな状況で**

ある。ここは一体どこなのか？　今日中に帰ることができるのか？

もはや車も通らなくなった道を、とりあえず、オレたちはどうしていいかわからず、**ひたすら早足で歩いてみた。**外で一晩過ごすにしても、少なくとも寒さを凌《しの》ぐ場所が必要である。先に進めば何かあるのか、それとも永遠に道が続くだけなのかわからんが、とりあえず何か（どこでもドアとか）があるという可能性にかけて歩くしかなかった。

すっかり暗闇の中を、それからさらに30分ほど歩いただろうか？　道の脇に看板を見つけた。「××CHECK　POINT　3㎞」とある。3㎞先に、再びイスラエルの検問所があるのである。これは地獄に仏、いや、**地獄にイスラエル軍**だ。少なくとも、検問所の近辺には何か車両が通るのではないか。検問を張るくらいなのだ、その辺りには何らかの交通機関が存在するのではないだろうか。

オレたちは、凍えながら残り3㎞を歩いた。

山の中の公道を必死で進み、心細さも最高潮に達してきた頃、オレたちの前に遂に検問の明かりが現れた。やはり武装した兵士が道を塞いでいる。喜んで兵士に駆け寄りたいところだが、なにぶんこっちは**夜の山道から突然登場した不審者**である。安易に検問に向かって走ったら**一瞬の警告の後に射殺**だ。ここは慎重に行動せねばならない。

オレとスーさんの姿に気付いた兵士は、当然のようにマシンガンを構え、警戒を崩さず尋問の言葉を投げてきた。

「おまえたち！　そんなところで何やってるんだ！」

「は、はい。私たちは、トポスの町に教会を見に行ってきたんです。でも帰り道がわからなくなっちゃって。それでここまで歩いて来たんです」

「おまえら、どこの国の人間だ？」

「ウィーケイム（ｃｏｍｅの過去形）フロムジャパン！　アメリカと仲良しのジャパニーズですよ」

「ふん。ジャパニーズがなんで田舎の教会なんかに用があるんだ？　本当は何の用だったんだ！」

う……。どう返事をしたらいいか、オレは言葉に詰まってしまった。もちろんオレもスーさんも実に**インテリ**で、兵士と質疑応答をするくらいの英語力は**余裕で備わっている。**

だが、さすがに臨機応変に外国語でとぼけるのには知恵を振り絞る必要がある。

するとここでは、スーさんが突破口を開いてくれた。

「ウィーアー、トゥアリスト！」

そうそう。そうなんだよ！　我々はただの観光客なんです！

日本風に言えば「ツーリスト」だが、しかしそんな発音は留学経験もない日本人英語教師の教える**ジャパニーズイングリッシュ**であり、**海外では通用しない。**Ｔｏｕｒｉｓｔｏｒをきっちり発音し、舌を丸めてトゥアリスト。そうやって正しい英語を使ってこそ軍の人間とも対等に渡り合えるし、日本人が国際人として認められることができるのである。細かいことだが、10億人が使う言語である英語を、きちんと使いこなすことは**旅行者の義務**である。ジャパニーズイングリッシュしか喋れないような奴は、旅先では**黙ってな!!**

自信満々のスーさんの言葉を受けて、しかしなぜか兵士は銃の引き金に手をかけ、かなりの勢いで眉間に皺を寄せて言った。

「テロリストだとぉ？」

…………。

「いやいやいやいやっっ!! ノットテロリスト！ ウィーアーツーリスト!! ツーリスト!!」

オレとスーさんは同時に、**持ちうる全てのエネルギーを使いイスラエル兵にツッ**

コミを入れた。オレは今までインドやアフリカで数多くの現地人に激しいツッコミを入れてきたつもりだが、はっきり言って、**これほど他人に対して命がけのツッコミを入れたのは人生で初めてであった**。

イスラエルで軍の兵士にテロリストに間違えられるというのは、**ケンシロウと中村主水とデューク東郷に同時に命を狙われるくらい風前の灯火なことである**。

トゥアリストとか生意気なこと言って、**日本人が身の程もわきまえずにrの発音なんか極めようとするからややこしいことになるんだよっ!!!**　素直に最初からツーリストと言っていればよかったんだ。オレたちは何度も繰り返し、ウィーアー**ツー**リスト!!　とツーの部分をひたすら強調し、**ジャパニーズイングリッシュで**必死に叫んだ。

すると……

「クププ……」

兵士は、オレたちの死に物狂いの姿を見て笑っていた。

……どうやら、彼は真剣に聞き間違えたのではなく、**ほんの軽い冗談**で「テロリストぉ？」と**言ってみただけ**のようであった。

な〜んだ。冗談かよ〜(笑)。

……。

笑えるかっっっ!!!!!

てめー冗談もシャレで済むものと済まないものがあるんだよっ!!50人ほど殺せそうな銃器を抱えて物騒な冗談を言うんじゃねえよっっっ(涙)!!!

もちろんオレたちは「いやー、びっくりしたなあ」などと兵士さんに**笑顔で媚び**、素直にパスポートを提出して指示を仰いだ。いや〜あはは、まったく冗談うまいんだから兵士さん……はは……(殺意)

さて、なんとかとびきりの笑顔で検問をすり抜け、先に進もうと思ったが、もうオレたちは**行くところがない**。兵士にこれこれこういうことでと事情を話すと、彼は時々通過するユダヤ人の車に、エルサレムに行くかどうかわざわざ訊ねてくれた。う〜、イスラエルの軍人でも、たまにはいい人もいるんだな(冗談は笑えんが)……。

結局その検問所の脇でぶるぶる震えながら数十分、そこに奇跡的に通過したタクシーを、オレたちは兵士と一緒になって**爆撃せんばかりの勢いで止め**、やっとのことでオレとスーさんはエルサレムに帰り着いたのだった。

な……長い1日だった……。

誕生日にしては、あまりにも誰にも祝われない1日であった（涙）。普通なら、いつものように仕事から帰るとなぜか部屋は真っ暗、家族の姿も見えず当惑していると、「ハッピバ～スデ～トゥ～ユ～～～♪」と**ケーキを持った奥さんや友人が登場する**という幸せな日のはずじゃないか。そんな日にオレは、**朝から下痢になり銃を突きつけられ腹痛でバスを止め野外排泄をし山の中で凍えながらヒッチハイクをし挙句の果てにテロリストよばわり**である。

もういい。もうオレが祝うしかない。**ハッピーバースデートゥーオレっ（号泣）!!**

これで、イスラエルの旅は終了である。

ややこしい国であった……。少々怖い目にも遭ったが、しかしパレスチナ人とユダヤ人、それぞれに会ってみて今まで抱いていたテロリスト、テロというものへのイメージは随分と変わった。

混沌の歴史は深く、旅行者がわかることなどこの国のカケラのそのまたカケラにすぎないのかもしれない。しかしオレは自分に向けられた銃口の暗黒的で絶望的な冷たさと、困り果てている旅人に何度も手を差し伸べてくれたパレスチナの人々の温泉のような有難い温かさを忘れないであろう。

その日の夜遅く、オレは宿のインターネットで久しぶりにYAHOO! JAPANに接続してみた。すると目に飛び込んできたのは、「原宿」と「テロリスト」、「ジャック」という3つの言葉であった。

に、日本にもテロリストが!!

遂に、遂に東京でもテロが起こるようになってしまったのか……。

一瞬の後よくよく見出しを読んでみると、**「エロテロリスト・インリン、原宿ジャック」**という、**グラビア女優のイベントの記事であった。**

オレは、日本を情けなく思った。

そしてニートの旅は続く

あのー。

なかなか見えてこないんですけど、**中国ってどこにあるんですかね（号泣）？**

今思えば、いや今じゃなくても**最初からずっと思っているが、**北京ではなく南アフリカ共和国へのチケットを買ってしまったのはオレの**うっかりミス**である。

ネットやゲームという引きこもりのライフラインに頼るあまり常人の理解を超えた時間を部屋にこもり、**たまに人と会うと「具合でも悪いの？」と必ず聞かれるほど青白い顔**になってしまったオレが、**外に出続けて（しかもアフリカ）、3カ月半。**

はっきり言って、あの時航空券購入サイトで中国行きチケットの購入ボタンを押していれば、**この3カ月半の全ての苦しみは味わう必要がなかったものである。**ちょっとだけ違うところをクリックするという、**右手の人差し指のほんの1秒のいたずら心**のおかげで、アフリカ大陸を1人で縦断しながら野生動物に怯え全財産を盗まれ銃声から逃げ回り食中毒にかかり機関銃を突きつけられ下痢でバスを止めることになったのだ。しかも、全て**スタントなし**である。単純なクリックミスであるが、**その被害はそんじょそこらのワンクリック詐欺より甚大だ。**

しかし心の奥底では、もしかしたら外の世界というのはオレにとってただの**食わず嫌い**なのではないかというある種の前向きな予感もあったのだ。たしかにオレは日本の社会に入ると口下手だが、ロールプレイングゲームでは必ず町の人全員に話しかけるし、実は密《ひそ》かに持っていたオレの社交性がアフリカの大地で花開くのではないかと、僅かな期待をかけていたのである。

しかしその予感は**気のせいでした**。

「若い時の苦労は買ってでもしろ」と昔誰かが言ったそうだが、オレはそいつに言いたい。

オレの苦労を全て売ってやるから、おまえが代わりに旅をしろと。

正直、アフリカ大陸を抜けたからといって、中国が近づいた気は**一向にしない**。だってここから中国までの間には、**大陸がもうひとつあるのである（涙）**。

アフリカ大陸縦断を終えた今、次に立ちはだかるのは**アジア大陸**。トルコ、イラン、パキスタンそしてその先には……イン……イン……**名前を出すのすらおぞましいあの国がある**。

つーかさー。

いつ帰れるんだよオレはっ！　こちとら3日間インターネットをやらないと下痢になる体なんだよ!!　部屋に戻せっ!!　オレ本来の姿に戻してくれっ!!!!!

………………。

これでアフリカ・中東の旅は終了であるが、中国を目指すオレの旅は、まだまだ続くのであった……。

この作品は二〇〇七年九月小社より刊行された『中国初恋』
を文庫化にあたり再構成したものです。

幻冬舎文庫

●好評既刊
アフリカなんて二度と行くか！　ボケ!!
……でも、愛してる(涙)。
さくら剛

引きこもりが旅に出ると一体どうなるのか!?　妄想とツッコミでなんとか乗り切るしかない！　追いつめられたへなちょこ男子・さくら剛の毒舌が面白すぎて爆笑必至のアフリカ旅行記。

●好評既刊
いちばん危険なトイレといちばんの星空
世界9万5000km自転車ひとり旅Ⅱ
石田ゆうすけ

世界一周旅行で見つけた「美人の多い国」「こわい場所」「メシがうまい国・まずい国」など、独断で選んだ〝マイ世界一〟の数々。抱腹絶倒の失敗談や出会いのエピソード満載の痛快旅エッセイ。

●好評既刊
キューバでアミーゴ！
たかのてるこ

キューバへと旅立った旅人OL。いつでも笑い、どこでも踊る底抜けに明るいパワーに浮かされて、てるこの興奮も最高潮。「アミーゴ、愛してるよ！」。いざ、ディープなラテンワールドへ!!

●好評既刊
世界よ踊れ
歌って蹴って！　28ケ国珍遊日記
アジア・中東・欧州・南米篇
ナオト・インティライミ

世界の音楽に触れ、人間的にパワーアップするため世界一周の旅に出たナオト。行く先々で草サッカーに無理矢理混ざり、路上ライブを勝手に開催。情熱と行動力で異国にとけ込む、一人旅の記録。

●好評既刊
東南アジア四次元日記
宮田珠己

会社を辞め、東南アジアへ。セメント像が並ぶ庭、顔だらけの遺跡、仏像の迷路、ミニチュア人形が載った盆栽など、奇奇怪怪なものが次々現れる。脱力の旅なのに危険も多発する爆笑エッセイ。

アフリカなんて二度《にど》と思《おも》い出《だ》したくないわっ! アホ!!

……でも、やっぱり好《す》き(泣)。

さくら剛《つよし》

平成22年12月10日　初版発行
平成24年10月15日　3版発行

発行人――石原正康
編集人――永島賞二
発行所――株式会社幻冬舎
〒151-0051東京都渋谷区千駄ヶ谷4-9-7
電話　03(5411)6222(営業)
　　　03(5411)6211(編集)
振替00120-8-767643
印刷・製本―図書印刷株式会社
装丁者――高橋雅之

幻冬舎文庫

ISBN978-4-344-41575-1　C0195　さ-29-2

幻冬舎ホームページアドレス　http://www.gentosha.co.jp/
この本に関するご意見・ご感想をメールでお寄せいただく場合は、
comment@gentosha.co.jpまで。